David Wagner, geboren 1971, veröffentlichte 2000 seinen Debütroman «Meine nachtblaue Hose». Sein Roman «Vier Äpfel» stand auf der Longlist zum Deutschen Buchpreis 2009. Der Autor wurde mit zahlreichen Preisen ausgezeichnet, darunter der Walter-Serner-Preis, der Dedalus-Preis für Neue Literatur und der Georg-K.-Glaser-Preis. David Wagner lebt in Berlin. Im Rowohlt Taschenbuch erschienen bereits «Vier Äpfel» (rororo 25274), «Was alles fehlt» (rororo 25562) und «Meine nachtblaue Hose» (rororo 25640).

«Mit David Wagner ist einer der scharfsichtigsten Beobachter des Alltags wieder da.» *(Frankfurter Allgemeine Zeitung)*

«Ein sehr zärtliches Buch über die Zumutungen der Vergangenheit.» *(Kulturspiegel)*

«David Wagner hat ein im wahrsten Sinn des Wortes zauberhaftes Buch geschrieben über die Geheimnisse der Kindheit, über das Glück, ein Kind zu haben.» *(Deutschlandradio)*

«Ein wunderbares Buch.» *(Tagesspiegel)*

DAVID WAGNER

spricht
das
Kind

Rowohlt Taschenbuch Verlag

Veröffentlicht im Rowohlt Taschenbuch Verlag,
Reinbek bei Hamburg, Mai 2011
Copyright © 2009 by Literaturverlag Droschl Graz – Wien
Umschlaggestaltung any.way, Cathrin Günther
(Umschlagabbildung: Peter Engels/www.cremecaramel.de)
Satz aus der Scala PostScript, InDesign,
bei Pinkuin Satz und Datentechnik, Berlin
Druck und Bindung Druckerei C. H. Beck, Nördlingen
Printed in Germany
ISBN 978 3 499 25528 1

Kinderwagen

Nummer eins wurde zu klein, das Kind wuchs heraus. Nummer zwei war zu schwer und ließ sich schlecht manövrieren. Wagen Nummer drei ging kaputt, Nummer vier wurde gestohlen. Nummer fünf blieb in Spanien, es lohnte sich nicht mehr, ihn mit zurückzunehmen, Nummer sechs verlor ein Rad, Nummer sieben fährt noch, gerade eben so. Jetzt kann das Kind laufen.

Rapunzel

Als ich sie kämme, sagt das Kind, Jetzt mußt du sagen, hast du schönes Haar. Du mußt das jetzt sagen, du sagst das doch immer. Sie verlangt den Satz und seine Wiederholung. So geht das Ritual.

Dann kämmt das Kind mir die Haare, sagt, Halt schön still, und verlangt, daß ich sage, es ziepe. Und, wie gewünscht, beschwere ich mich, daß es ziepe, das Kind kämmt weiter, sagt, Halt still, halt schön still, Rapunzel – bis es auf einmal findet: Jetzt, jetzt bist du schön gekämmt.

Das Kind hat Haargummis in allen möglichen Farben, Haarreifen, Spängchen, Klämmerchen, Mädchenschätze mit Marienkäfern, Schmetterlingen, Glitter, Pünktchen, Straß.

Erst auf dem Kinderkopf entdecke ich, daß ich die Haare auf meinem eigenen Kopf seit Jahrzehnten auf die falsche Seite kämme, erst als ich mich entscheiden muß, auf welche Seite ich die Kinderhaare kämmen soll, und sehe, wohin ihr die Haare fallen, bemerke ich, daß meine auf die andere Seite gehören.

Ich träume, das Kind verliere eine Hand und erhielte dafür, in einer aufwendigen Operation, eine meiner Hände. Die Schlußeinstellung dieses Traums gleicht der aus *Das Imperium schlägt zurück*, dem Moment, als Luke Skywalker eine neue, in seinem Fall jedoch mechanische Hand angepaßt wird. Das Kind aber, dessen Haar mich manchmal, ohne daß es dazu geföhnt werden müßte, an Skywalkers Fönfrisur erinnert, bekommt in diesem Traum meine Hand. Sie paßt ihr gut, sie kann sie gleich benutzen. Ich bin sehr froh und spüre gar nicht, merke nicht einmal, daß mir nun eine Hand fehlt.

Gib mir deine Hand, sagt das Kind.

Gäßchen

Das letzte Jahr, sage ich, weil das Kind danach fragt, bin ich allein in den Kindergarten gegangen.

Ich bin durchs Gäßchen gegangen, ein schmaler Weg, der zwischen den Gärten hindurchführte und zwei Straßen miteinander verband. Krayer durfte da nicht hindurch, seine Mutter hielt den Weg für zu gefährlich. O., Se, Priller und ich sind jeden Tag hindurchgegangen, das letzte Stück, da, wo der Weg zwischen zwei Mauern hindurchführte, bevor er über vier Stufen wieder auf den Bürgersteig traf, sind wir immer gerannt. Dabei dröhnte der Boden unter dem groben Asphalt auf sonderbare Weise, als gäbe es da unter unseren trommelnden Kinderbeinen einen großen Hohlraum, einen Resonanzkörper, ich stellte mir vor, es befände sich dort ein weitläufiges Höhlensystem, Katakomben, in denen Haufen von Knochen und Totenschädeln lagerten, lange vergessene Grabkammern, die Unterwelt.

Dort, wo unser Haus stand, hatte vor dem Krieg schon einmal ein Haus gestanden, ein Stück weiter hinten im Garten, da, wo meine Schaukel und das Spielhäuschen standen. Eine Bombe war genau auf dieses Haus gefallen, Volltreffer. Die zwei oder drei Personen, die im Keller saßen – ein Ehepaar und noch jemand, der später nicht mehr zu identifizieren war –, seien, hieß es, sofort tot gewesen. Und ich stellte mir vor, sie lägen noch immer dort unten, unter unserem grünen Rasen, den mein Vater immer so sorgfältig wässerte, als müßten die Toten in der Erde auch zu trinken bekommen. Manchmal habe ich im Sandkasten nach ihnen gegraben.

Ich bin immer allein in den Kindergarten und immer durchs Gäßchen gegangen. Bilde ich mir ein.

Straßenbahn

Unser Haus fährt weg, sagt das Kind, als die Straßenbahn anfährt und alles, was vor dem Fenster liegt, sich zu bewegen scheint. Alles fährt weg, sagt das Kind und hat ja recht. Die Zeit transportiert das alles davon.

Mache ich die Augen zu, ist es dunkel und die Welt nicht mehr da. Für wen oder was soll sie sonst denn dasein, wenn schon Mama und Papa nur für mich da sind? Habe ich das nicht auch einmal gedacht?

Das Kind winkt jeder Straßenbahn hinterher, jede Straßenbahn bekommt ihren Abschied. Einmal vergißt sie ihn, weil wir eine Straße überqueren müssen, fängt an zu weinen und schluchzt, Ich konnte der Straßenbahn gar nicht winken.

Ob da Freunde drin sind, fragt das Kind, als unter uns, wir stehen auf der Fußgängerbrücke, eine S-Bahn durchfährt. Und ich selbst habe die mir in diesem Augenblick gar nicht sonderbar anmutende Vorstellung, alle Menschen müßten Freunde sein oder könnten es doch wenigstens sein, und ich erinnere mich an den Kinderglauben, alle Welt könnte sich kennen und gut verstehen.

Wachsen

Ich werde jeden Tag älter, sagt das Kind und erinnert mich daran, wie unvorstellbar es mir schien, eines Tages erwachsen zu sein. Ich konnte nicht glauben, daß Zeit verging. Alles ging doch so furchtbar langsam, als gäbe es gar keine Veränderung.

Bist du aber gewachsen, sagten die Tanten, nein, bist du groß geworden, ereiferten sie sich. Gewachsen zu sein schien etwas zu sein, für das man gelobt werden mußte. Etwas, das Belohnung und Vergütung in Form von Schokolade, kleinen Geldbeträgen oder Eis verdiente.

Zu wachsen hieß größer, endlich älter zu werden. Ferne Ziele zu erreichen. Fünf Jahre, sechs Jahre alt zu werden. In die Schule zu kommen, zehn Jahre alt, endlich zwölf zu sein, im Auto vorne sitzen zu dürfen, endlich vierzehn, fünfzehn, sechzehn, achtzehn zu sein. Dann hört es auf.

Größe 98, 110, 116, 128. Bist du da schon wieder rausgewachsen? Die Kleidergröße des Kindes ist eine Zeiteinheit. Bald ist das Kind hundertzehn Zentimeter alt. Zentimeter sind, ich hatte das vergessen, auch eine Zeiteinheit. Und das Kind ein Chronometer.

Eltern, so dachte ich mir das, ziehen einen langsam, aber sicher in die Länge. Von einer Kleidergröße in die nächste, nachts, auf einer Streckbank. Sie erziehen dich. Großeltern ziehen Gemüse, Eltern ziehen Kinder. Mama zerrt am einen, Papa am anderen Ende. Wir kriegen dich schon groß. Und das heißt dann Erziehung.

Ich war lange der Überzeugung, ich sei nicht erwachsen geworden. Zumindest wußte ich nicht oder hätte nicht sagen können, woran ich mein Erwachsensein hätte bemerken sollen. Worin bestand es denn? Darin, daß ich nicht mehr bei meinen Eltern wohnte? Mit einer Frau zusammenlebte? Regelmäßig Sex, ein Auto, Arbeit hatte? Alles das tun und lassen konnte, wovon ich als Kind geträumt hatte? Und nun, da ich es hätte tun können, nicht mehr unbedingt wollte?

Ohne nur allzu genau darüber nachdenken zu wollen: ich bin mir immer wie ein großes Kind vorgekommen.

Ich dachte, ich könnte gar nicht älter werden. Als sei ich die Ausnahme, die immer so bliebe, wie sie war, das Kind, das ich schon immer kannte, allein unterwegs durchs Gäßchen, auf dem Weg zum Kindergarten.

Das Kind macht mich wieder zum Kind. Und macht mich wieder kindisch. Älter werden heißt auch immer jünger werden.

Und aus der neu erworbenen oder bloß wieder angeeigneten Kindersicht wird die Welt wieder verständlich. Das Kind führt mich, an seiner Hand greife ich durch das Gestrüpp hindurch, das mir die Sicht so lange verstellt hat, und fasse die Wirklichkeit, die mir nun auf einmal, das hat so lange gedauert, wie die richtige vorkommt.[*]

Kommt mir so vor, als sei ich nie so alt gewesen wie damals, an dem Nachmittag, an dem ich, acht oder neun Jahre alt, mit dem Dolch in der Hand auf der grünen Frotteetagesdecke meines Bettes stand und überlegte, ob ich mich nicht mit diesem Dolch, den unsere Nachbarin Frau Ricotta mir aus Tunesien oder Marokko mitgebracht hatte, durch mein rotes Cordhemd hindurch erstechen sollte. Oder vielleicht doch nicht. Nie wieder habe ich mich so alt gefühlt.

Manchmal wundert es mich, daß ich nach so vielen Jahren noch immer diese Hand, dieselbe Haut, dieselben Füße habe. Seit so und so vielen Jahren. Immer hatte ich all das, was ich bin, dabei.

Spielplatz

Für Spielplätze hatte ich mich länger nicht so interessiert. Nun sind sie wieder wichtig. Dabei ist der Spielplatz ein Ort, der die ganze Zeit da war, unbeachtet

[*] vgl. Christian Geyer, Frankfurter Allgemeine Zeitung vom 21.5.2004

am Weg, im Park, mitten auf dem Platz, am Ende der Straße, in der Vergangenheit, verwaist seit zwanzig, fünfundzwanzig oder dreißig Jahren.

Wie alt ist das Kind denn? Samstag, gegen Mittag. Weit und breit nur Väter, keine Mutter auf dem Spielplatz. Wie heißt sie? Und, dritte Frage, Lebt ihr noch zusammen?

Hat nicht jedes Kind einen eigenen Papa? fragt das Kind auf dem Spielplatz, neben uns ein Vater mit drei Kindern. Haben die nicht jeder einen eigenen Papa?

Du mußt sagen, das ist meine, sagt der Vater zu seinem Sohn, er ist zu alt und viel zu engagiert, um weiter entfernt zu sitzen und das Kind alleine, in Ruhe spielen zu lassen. Du mußt sagen, das ist meine Schaufel, sagt er, aber das Kind will lieber weinen.

Hast du Apfelmus in deinen Beinen? Los, spring! Als ich so alt war, konnte ich hüpfen wie ein Gummiball.

Dann kommt das Kind mit Matsch in den Händen aus dem Sandkasten, knetet einen Schlammknödel und sagt, Papa, für dich. Und ich muß so tun, als äße ich den Schlammkloß auf. Und sagen Hhmm, hhmmmmm, wie lecker.

Spülplatz? – Ja, das ist der Platz, auf dem alle Menschen, die keine Spülmaschine haben, ihr schmutziges Geschirr, ihre dreckigen Töpfe und benutztes Besteck hintragen und dann abwaschen, spülen oder spülen lassen, von den Kindern, die große Spülräder drehen müssen. Stimmt das? fragt das Kind und zieht seine Stimme in die Höhe. Nein, sage ich. Nein, das war nur ein Witz.

Und an einem Wintertag, ich sitze auf einer Bank in der Sonne, sehe ich zwei Kinder, Fäustlinge über den Fingern, ihre Namen in den Schnee schreiben.

Frage

Warum laufen die da? fragt das Kind, warum laufen die da im Kreis? Warum rennen Menschen auf einer Tartanbahn, eine Runde nach der anderen? Weiß ich auch nicht so genau. Kann ich nicht erklären. Und ich erinnere mich an den enttäuschenden Tag, an dem ich bemerkte, daß auch meine Mutter nicht alles wußte.

In der Turnhalle, in der der Turnunterricht stattfand – in den ersten Schuljahren hieß es noch Turnen, später dann Sport –, gab es diese verwirrenden, verschiedenfarbenen, sich mehrfach kreuzenden Linien auf dem Parkett, Spielfeldmarkierungen für Hallenfußball, Volleyball, Basketball und Handball. Ich muß an diese teils durchgezogenen, teils gestrichelten Linien denken, als ich in einer Ausstellung einen Film sehe, der zeigt, wie auf ein und demselben Spielfeld einer Sporthalle Fußball und Basketball gleichzeitig gespielt wird. Oben große Basketballspieler, weiter unten nicht ganz so große Hallenfußballer. Die Spiele verlaufen völlig unabhängig voneinander, beide Partien kommen sich beängstigend wenig, beinah gespenstisch wenig ins Gehege. Als könnte auch zwischen uns, zwischen all unseren Bewegungen, unserem Leben, noch ein ganz anderes stattfinden, von dem wir gar nichts bemerken.

Fernsehfußball ist ja viel einfacher zu verstehen. Sinn und Ziel des Spiels ist es, Tor zu rufen. Sobald das Torgehäuse ins Bild kommt, ruft das Kind Toooooor!

Potpourri

Das Kind mischt die Melodien und Texte der Lieder, die sie schon kennt, singt Summ, summ, summ, Bienchen summ herum, über Stock und über Steine, aber brich dir nicht die Beine, Hopp, Hopp, Hopp, Jäger aus Kurpfalz. Und kommt von einem ins andere, da klappern die Mühle und der Kuckuck am rauschenden Bach und rufen aus dem Wald. Es tönen die Lieder.

Lieder, die ich jahre-, jahrzehntelang nicht gehört, nicht gesungen habe, höre ich nun jeden Tag. Ich singe es noch hundert Mal, dann fällt mir der Text vielleicht wieder ein, sagt das Kind und singt mit hoher, kräftiger Stimme. Ein Lied geht ins andere über.

Ordnung

Seit ich ein Kind habe, trenne ich meinen Müll, bringe ich jede Batterie zur Sammelstelle und kaufe nur noch milde, umweltverträgliche, phosphatfreie Waschmittel.

Warum machst du denn nie den Deckel auf die Zahnpasta, beschwert sich das Kind, und ich weiß gar nicht, ob das noch eine Frage sein soll oder ob sie schon gar keine Erklärung mehr erwartet. Früher, könnte ich erklären, vor nicht gar zu langer Zeit, hätte das auch mich noch gestört. Heute ist es mir egal. Ich weiß nicht warum.

Ein Loch! Da ist ein Loch in deinem Strumpf! sagt das Kind. Und besteht darauf, daß ich die Socken wechsle.

Aufräumen! Aufräumen! ruft das Kind durchs Zimmer, hebt aber nichts auf, räumt keine Spielsachen zusammen. Das Wort *aufräumen* bezeichnet für sie keine Handlung, sondern ist eine Beschwörung, eine Aufforderung an die Dinge, doch bitte an ihren Platz zurückzukehren. Das Zimmer soll sich gefälligst aufräumen. Das faule Zimmer kann ja auch mal was tun.

Das Kind läßt alles liegen, fängt dann aber an zu putzen. Nimmt einen nassen Spülschwamm und wischt die Tapete im Flur, beschwert sich dann jedoch über nasse Ärmel.

Alles falsch, sagt das Kind vor dem offenen Kühlschrank. Räumt und stellt um, arbeitet, sagt, das gehört hierher, das gehört dahin. Und das soll da so bleiben, das Kind stellt seine Ordnung her, denn das Kind weiß, alles hat seinen Platz.

Ein paar Tage später heißt es: Du hast ja wieder alles falsch eingeräumt. Das Kind räumt wieder um. Die Äpfel kommen in die Kühlschranktür, der Käse ins Gemüsefach. Die Tomaten, weil sie rote Punkte machen, werden schön verteilt.

Seit das Kind da ist, wird geputzt. Seit ich ein Kind habe, ist alles sauber. Spüle ich schon abends, putze ich das Bad.

Regenwürmer

Regenwürmer sind in der Dusche, sagt das Kind, lange, lange Regenwürmer. Und sie hat recht, denn sie hält den Duschkopf so, daß das Wasser aus seinen Düsen in einem Bündel dünner Strahlen an die Kachelwand spritzt. Sieht wirklich so aus, als wären es Regenwasserwürmer.

Schon als Kind habe ich Regenwürmer gerettet, ich wollte verhindern, daß Regenwürmer, die während eines Schauers auf das Bürgersteigpflaster gekrochen waren, zertreten wurden. Ich hob sie auf und brachte oder warf sie in den nächsten Vorgarten. Mein Mitleid mit den Würmern, die auf den Gehwegplatten festzutrocknen drohten, war immer größer als mein Ekel, ja ich vermute, ich freute mich jedesmal über die Überwindung des eigenen Ekels, ich genoß den Schauer, den so ein feuchter, klebriger Regenwurm, der an feuchte Lippen erinnerte, in meiner Hand auslöste.

Sah ich dann aber, nach dem Regen, eine Amsel mit einem Wurm im Schnabel, hatte ich kein Mitleid. Die Amsel verdient ihren Wurm, dachte ich, sie kann ja singen.

Einmal hörte ich von südamerikanischen Urwaldbewohnern, die unter Bäumen nach daumendicken, bis zu einem halben Meter langen Regenwürmern graben, sie kochen und gleich essen oder räuchern, um sie aufzubewahren, die Regenwürmer sichern ihre Eiweißversorgung. Und ich erinnere mich an ein obskures Apfelkuchenrezept, das vorschlug, zweihundert Gramm gehackte Regenwürmer unter einen Apfelkuchenteig zu mischen.

Aus Gras und Erde und Wasser baute ich den Regenwürmern im Sandkasten ein Haus. Später erinnerten Regenwürmer, ihrer Farbe wegen, nicht nur an Lippen, sondern auch an Schamlippen. Oder umgekehrt.

Da kommt Regen aus der Dusche, sagt das Kind, ein ganz langer Regenwurm.

Krokodil

In der Dusche wohnt ein Krokodil, sagt das Kind und zeigt in die verkachelte Nische hinter der Dusche. Gegen das große, unheimliche, den Mund für seine zwei O so weit öffnende Wort mit dem messerscharfen K kann ein echtes Tier nur enttäuschen. Es reicht nicht an das Wort heran. Das Wort ist viel größer, hat schärfere Zacken und spitzere Zähne in seinem geöffneten Maul als das Tier im Aquarium des Zoologischen Gartens, wir sehen es von der Brücke aus, die über den Tropenteich führt. Das Krokodil schläft hinter den Gitterstäben, es sieht harmlos aus. Auf dem Strand aus Zement liegen seine Frühstücksreste. Es gab keine Menschenkinder. Es gab bloß, es riecht so, Fisch.

Ich bin ein Krokodil, ich will dich fressen, sagt das Kind und beginnt seine anthropophagischen Spiele. Dann aber, als auch ich den Mund öffne, sagt sie, Nicht beißen! Bitte nicht beißen!

Draußen auf dem Flur ist ein Krokodil! Die Krokodilkomödie geht weiter. Mach die Tür zu, damit es nicht hereinkommt. Ach, es ist ja nur ein kleines, krankes Krokodil. Es kann ruhig reinkommen. Das tut nichts. Es beißt nicht. Es kann gar nicht beißen. Weißt du, es hat seine Zähne nicht geputzt.

Wölfe

Die Wölfe haben ja Angst in der Stadt, sagt das Kind, sie wissen ja nicht, wann und wo sie an der Straße und an den Ampeln stehenbleiben müssen. Die Wölfe, die in die Stadt kommen, wissen ja nicht, daß sie bei Rot warten müssen.

Hänsel und Gretel

Huhu, da schaut eine alte Hexe raus, singt das Kind, immer wieder, immer wieder Hänsel und Gretel. Andere Märchen haben nicht so erfolgreiche Lieder.

Das Kind will immer wieder Hänsel und Gretel spielen. Eigentlich will sie nur Hänsel spielen. Sie will im Käfig sitzen und ihren Finger herausstrecken müssen, und ich, die Hexe, muß ihn prüfen und mehrmals für zu dünn befinden, Gretel ist in dieser Version nicht dabei. Dieses Spiel endet auch nicht damit, daß ich, die Hexe, in den Ofen geschubst werde, nein. Hänsel, schön dick gefüttert, will unbedingt auf den Grill gelegt und aufgegessen werden. Jetzt mußt du noch die Füße abschneiden, weil, sie ragen über den Rost hinaus, sagt das Kind. Und hier mußt du den Bauch durchschneiden. Und dann soll ich Laute des Wohlschmeckens von mir geben. Ach, Hänsel, du schmeckst so gut.

Und mir fällt ein, daß ich immer wieder Hänsel und Gretel gehört habe, immer wieder dieselbe Platte, vormittags, mittags, nachmittags, immer wieder, Knusper Knusper Knäuschen, wer knabbert an meinem Häuschen. Immer wieder wurden Hänsel und Gretel, jeden Tag zwei- oder dreimal, von ihrer bösen Stiefmutter in den Wald geschickt. Ich habe die Platte gehört, bis sie eines Tages wahr wurde und ich im Märchen war. Nur aus dem Wald habe ich nicht mehr herausgefunden.

Die Stiefmutter, aber so habe ich das erst viel später verstanden, ist gleichzeitig die Hexe, die sich das Vertrauen der Kinder mit Süßigkeiten erkaufen möchte, sie eigentlich aber bloß loswerden, umbringen, sich einverleiben, eben aufessen will. Dafür spricht, daß von der Stiefmutter keine Rede mehr ist, als die Kinder aus dem Wald heraus und zu ihrem Vater zurückfinden. Die Stiefmutter ist nicht mehr da. Die alte Hexe ist verbrannt.

Wie aber sollte eigentlich, fragte ich mich damals, die Hexe durch das kleine Türchen an der Kochmaschine, die ich aus der Küche meiner Großmutter kannte, passen? Wie klein war denn diese Hexe, wenn sie durch so ein Türchen paßte? Mußte ich dann überhaupt Angst vor ihr haben? Meine Großmutter stocherte mit dem Schürhaken in der Glut, ich durfte nur hineinsehen in das rote, glitzernde Leuchten. Die Glut, manchmal sah es so aus, als ob sie atme, war etwas, das einerseits da, andererseits vielleicht auch nicht da war. Ich durfte und konnte sie ja nicht berühren, um zu überprüfen, ob sie wirklich da war. Und meine Großmutter hätte niemals durch das Ofentürchen gepaßt.

Es liegt ein Trost in der Wiederholung der immer gleichen Geschichte. Zum Glück. Also noch mal. Bitte noch einmal. Noch ein Mal. Bitte. Bitte, bitte, bitte.

Kinderbuch

Morgens steht es in der Zeitung, sagt das Kind, sie sagt es immer wieder. Sie hat den Satz aus dem Pixibuch *Conni kommt in die Schule*. Conni ist das Mustermädchen der Familie Mustermann. *Conni spielt Fußball, Conni geht ins Ballett, Conni kommt ins Krankenhaus, Conni zieht um, Conni bekommt einen Bruder*. Für jede Lebenslage gibt es das passende kleine Büchlein. Nur, ich habe danach gesucht, *Connis Eltern lassen sich scheiden* gibt es nicht.

Eine der Fortsetzungen, die es schon gibt, heißt *Conni und der Liebesbrief*. *Conni bekommt ihre Tage*, *Connis erster Joint* und *Conni bleibt zum ersten Mal sitzen* sind noch nicht erschienen.

Nach der soundsovielten Lektüre von *Conni kommt ins Krankenhaus* ist das Kind noch immer am stärksten von dem Wort *Bleischürze* beeindruckt. Bleischürze, wiederholt sie immer wieder und zieht die Bleischürze bei jeder Gelegenheit hervor. Sie kennt die Bleischürze zum Schutz vor Röntgenstrahlen, bevor sie weiß, was eine Schürze ist.

Das Pixibuch, das ich immer wieder vorlesen muß, heißt *Bären in der Autowerkstatt* und erzählt einen Tag im Leben einer motorradfahrenden Bärin namens Rosi. Manchmal, während des Vorlesens, aber das liegt wahrscheinlich nur an ihrem Namen, denke ich mir Rosi als Heldin eines frühen Fassbinder-Films. Tatsächlich ist ihr Selbstverhältnis, wie es sich für eine alleinstehende Kinderbuchheldin gehört, ganz und gar ungebrochen. Morgens putzt sie sich die Zähne, abends sitzt sie in ihrem Sessel und blättert in einem Bildband über Motorradmotoren. Alle Männer, alle männlichen Bären, die in diesem Buch auftreten, sind Trottel. Ihr Kompagnon Bernd wechselt an einem Auto nicht den kaputten Reifen, den mit dem Platten, sondern einen, der eben nicht kaputt ist. Der Sportwagenfahrer («es klappert in den Kurven») bringt seinen Sportwagen wegen eines im Kofferraum herumkullernden Honigglases in die Werkstatt. Und dann gibt es noch einen Lieferwagenfahrer, der schon lange nicht mehr an inen Ölwechsel gedacht hat, Rosi muß nun den Motorschaden reparieren. Die Botschaft ist deutlich. Ja, wir haben verstanden, aber kann Rosi nicht wenigstens einen Freund haben? Muß es unbedingt eine Freundin sein?

Als ich *Max und Moritz* nach zwanzig oder fünfundzwanzig Jahren zum ersten Mal wieder in der Hand halte, fällt mir auf, daß Meister Lempel nach der Explosion seiner Pfeife wie ein Atombombenopfer und der Backofen, in den Max und Moritz geschoben werden, wie ein Verbrennungsofen im Krematorium von Auschwitz aussieht. Das Kind liebt das Schnippschnapp, das Ritze, Ratze, Ruff, Ruff und Ricke Racke mit Geknacke. Die Lautmalerei baut die Welt, der Klang ist die Farbe der Vorstellung.

Als Max und Moritz in den Backofen geschoben werden, geschieht ihnen nichts. Der Brotteig schützt sie, als Brandopfer werden sie nicht akzeptiert. Erst das mechanische Mahlwerk der Mühle, eine Zivilisationsstufe höher, tötet die beiden. Die dörflich-kleinbürgerliche Gesellschaft, die keinen Anarchismus dulden kann, bringt sie schließlich doch zur Strecke – braucht dazu aber die Maschine. Und findet in einer Antizipation des totalen Grauens nichts dabei, die Kinderkörper als Hühnerfutter zu verwerten. Dem Kind («Und im Nu verzehret sie/Meister Müllers Federvieh») gefällt die Grausamkeit.

Vorlesen

Lies weiter! Weiter! sagt das Kind und ich weiß nicht, ob sie die Geschichte oder nur meine Stimme hören will.

Manchmal schlafe ich während des Vorlesens für einen winzigen Augenblick, für Sekundenbruchteile ein, lese plötzlich Phantasiewörter, spreche den Traum mit, in den ich schon falle, bis das Kind mein Abgleiten, mein Sinken bemerkt, mich anstößt und zurückholt, weckt und Weiter! Lies richtig! ruft.

Mein Vater, fällt mir ein, stockte manchmal während des Vorlesens, weil er, wie ich vermutete, leise weiterlas. Ich glaube, manchmal vergaß mein Vater einfach, laut weiterzulesen. Oder er vergaß, daß er damit beschäftigt war, mir vorzulesen, ich mußte ihn daran erinnern. Er kam dann zurück, als ob er wieder zu sich komme, und las weiter, dabei hatte ich ihn jedoch immer im Verdacht, den Text während des Vorlesens zu verändern und mir nicht immer genau das vorzulesen, was da stand, manche Sätze wegzulassen oder Absätze zu überspringen. Mir etwas vorzuenthalten. Dabei wollte ich doch alles wissen, jedes Detail, jede Kleinigkeit, jedes einzelne Wort.

Das Kind bemerkt sofort, wenn ich mich verlese oder etwas überspringe. Bei den Büchern, die es auswendig kennt, folgt auf solch ein Vergehen die strenge Ermahnung, Falsch, Papa!, und die Wiederholung im Wortlaut, korrigiert, denn nur im Wortlaut, so sein magisches Denken, ist es richtig.

Auf meinem Kopfkissen findet das Kind ein Buch, und weil es von seinem Wunsch, ihm daraus vorzulesen, nicht abzubringen ist, lese ich zwei kurze Kleist-Anekdoten aus dem Band, die ich, während ich sie vorlese, selbst kaum verstehe, weil ihren verschachtelten, dann aber doch immer wieder ineinandergreifenden Sätzen mit eingeschobenen Erläuterungen voller syntaktischer Synkopen kaum zu folgen ist, sie sich vorgelesen aber dennoch, das merke ich selbst, sehr schön anhören. Das Kind denkt wahrscheinlich ähnlich. Habe ich doch schon länger den Verdacht, daß es ihm oft mehr um die Laute, die Stimme, die Melodie, das Chinesische der Sprache geht als um das, was da tatsächlich vorgelesen und gesagt wird.

Lesen

Das Kind liest alles, was es sieht. Es liest die Schilder, die Werbung, die Namen der Geschäfte und die der Restaurants, die ich gar nicht mehr sehe, weil ich sie jeden Tag sehe. Das Kind, begeistert, daß es lesen kann, liest Apotheke, Pizzeria San Marco, San Remo, Konditorei.

Das Kind macht nach, sagt ein *p*, ein *b*, ein *rrr*. Und sagt dann, ohne zu wissen, was das bedeutet, das Alphabet auf. Das Kind tut so, als könne es lesen. Liest Buchstaben, die da gar nicht stehen. Liest *br*, liest *kr*, liest *t*, liest die Konsonanten ohne Vokalverlängerung, so, wie das im ersten Schuljahr vorgeschrieben war. Es war, erinnere ich mich, verboten, die Konsonanten *ess, te, err* zu lesen.

Ich kann mir gar nicht mehr vorstellen, nicht lesen zu können, sagt das Kind, zehn Jahre alt, und ich muß grinsen, auch das Kind hat schon eine Vergangenheit, an die es sich erinnern kann.

Als ich zehn Jahre alt war, setzte ich mich abends im Badezimmer auf die linke Hälfte des Doppelwaschbeckens, die Hälfte, in der morgens meist noch die Rasierschaumreste meines Vaters klebten, stützte die Füße auf den Badewannenrand, schaute in den Badezimmerspiegel und sagte, immer wieder, ich bin zehn Jahre alt, ein Jahrzehnt, zehn Jahre. Immer wieder, bis meine Mutter hereinkam und sagte, ich solle mir endlich die Zähne putzen und, Abmarsch, zusehen, daß ich ins Bett käme.

Die beiden Topflappen

Meine Mutter hat immer gesagt, ihr Vater habe ihr das Lesen beigebracht, als er, der Mann, den sie bis dahin nur von Fotos kannte, aus der Gefangenschaft nach Hause kam. Er habe damit angefangen, als er bemerkt habe, daß sie, seine Tochter, damals immerhin schon acht Jahre alt, noch nicht lesen konnte. Mein Großvater habe dann nicht länger als vier Wochen gebraucht, um ihr, meiner Mutter, Lesen beizubringen, er habe sie einfach den ganzen Tag lang um sich behalten und jedes Wort laut lesen lassen, sie habe jedes Straßen- und Ladenschild, jede Aufschrift auf jedem verstaubten Farbeimer vorlesen müssen, die Wörter auf jeder Schraubenverpackung, alle Adressen und Briefköpfe, Schriftstücke und die Beschriftung der Vorkriegszigarrenkisten. Ihr Vater habe mehr gebrüllt als gefragt, habe geschrien, Was steht da, lies, lies, was da steht, und wenn sie nicht oder nicht schnell genug vorlas, habe er ihr eine Ohrfeige verpaßt. Einerseits, so meine Mutter, sei das Lesen anfangs eine schmerzhafte Angelegenheit gewesen, Lesen beziehungsweise Nichtlesen habe ihr weh getan – andererseits habe sie bald herausgefunden, daß sie nicht jedes Wort, das sie irgendwo geschrieben stehen sah, gleich verraten mußte. Das eine oder andere habe sie für sich behalten. Später habe sie, bloß um ihren Vater zu ärgern, alles, was irgendwo geschrieben stand, laut oder halblaut vorgelesen – was sich, wenn sie im Auto hinter ihm auf dem Rücksitz saß, zu einem Dauergemurmel auswuchs, mit dem sie ihn bis zur Weißglut bringen konnte. Vielleicht, sagte meine Mutter, habe sie damit aber bloß versucht, die Schweigephasen ihrer Mutter, meiner Großmutter, zu füllen. Deren Rekord, nicht ein einziges Wort zu sagen, habe bei elf Tagen gelegen, elf Tagen, in denen sie überhaupt nichts gesagt habe, keinen Laut, keinen Muckser von sich gegeben habe, sie selbst hingegen, so meine Mutter, habe, gerade deswegen, immer alles laut sagen und lesen müssen und sich angewöhnt, alle Namen und die Bezeichnungen der Dinge aufzusagen, so, als stünde das Wort *Topf* auf jedem Topf, *Wiese* auf jeder Wiese und *Bunker* auf jedem Bunker.

Meine Mutter wurde Krankenschwester, später Lehrerin und ich, das ließ sich nicht vermeiden, an der Schule, an der auch sie unterrichtete, eingeschult. Ich wurde nicht kinderlandverschickt, und keine englische Brand- und keine amerikanische Sprengbombe fiel in meine Kindheit, ich lernte ohne meine Mutter lesen, meine Lehrerinnen hießen Frau Schumacher, Frau Krupp und Frau Böse. Eines Tages aber mußte meine Mutter eine fünfte Stunde, die letzte an diesem Tag, in unserer Klasse vertreten. Ich störte den Unterricht immer wieder, antwortete auf die Fragen, die meine Mutter stellte, bevor sie überhaupt zu Ende gesprochen hatte. Oder sagte die Antworten – ich wußte, was meine Mutter hören wollte – halb- bis ganzlaut vor. Und ich bemerkte, daß meine Mutter ihre gute Laune, ihre Pädagogenbegeisterung nur spielte. Mir fiel auf, daß sie sich verstellte. Ich machte mich lustig und störte, trotz ihrer Ermahnungen, weiter – bis sie, wütend geworden, an meinen Platz kam, mich an den Haaren vom Stuhl zog, mir eine Ohrfeige gab und mich in die Ecke stellte, in der ich bis zum Klingeln stehen bleiben sollte. Auf dem Heimweg, wir gingen nebeneinander zu Fuß nach Hause, sprachen wir kein Wort. Und ich dachte, ich werde nie wieder mit ihr reden. Als meine Mutter jedoch den Haustürschlüssel aus ihrer schwarzen Aktentasche zog, kam es mir vor, als hätte sie sich, von mir unbemerkt, schon umgezogen, sie schloß die Haustür auf und war wieder meine Mutter. Wie jeden Mittag stellte sie ihre Tasche vor den Spiegel im Flur, wusch sich in der Gästetoilette die Hände, ging in die Küche, nahm einen Topf, hielt ihn unter den Wasserhahn, stellte ihn auf den Herd und sagte, mehr zu sich oder zum Topf, als um mich zu informieren, Ich setze Wasser auf, ich koche Kartoffeln und Blumenkohl, und Das Fleisch von gestern wärm ich auf. Zu mir sagte sie, Und du, du kannst den Tisch decken.

Zwei oder drei Jahre später vertrat meine Mutter wieder eine Lehrerin, diesmal gleich für ein paar Wochen. Es handelte sich um das Fach, das ich, wie alle anderen, mit der Abkürzung TG in meinen Stundenplan schrieb. TG stand für *Textiles Gestalten*. In TG wurde gestrickliselt und wurden Stoffbilder gestickt, meine Mutter übernahm den Unterricht, als Topflappen gehäkelt werden sollten. Sie erklärte, wie der Faden um den kleinen und den Zeigefinger gelegt wird, führte Luftmaschen vor und zeigte, wie der Arbeitsfaden mit dem Widerhaken der Häkelnadel aufgenommen und durch eine bereits geknüpfte Masche gezogen werden muß, damit neue Maschen, feste oder Stäbchen, entstehen können. Häkeln ging sehr langsam. Nach zwei oder drei Wochen hieß es jedoch, die fertigen Topflappen müßten in der nächsten Stunde zur Benotung vorliegen. An den beiden folgenden Tagen, Donnerstag und Freitag, häkelte ich nach dem Mittagessen je zwei Reihen, mir fehlten, rechnete ich mir aus, noch dreiunddreißig. Am Samstagmorgen kam meine Mutter in mein Zimmer, fragte nach meinem Häkelzeug und nahm es auf eine ihrer Wochenendreisen mit. Am Montag nach diesem Wochenende trug ich die beiden grün-rot gestreiften Topflappen, mit denen meine Mutter zurückgekommen war, zum Lehrerpult. Mama hatte nicht nur die fünf oder sechseinhalb Reihen, die ich selbst, etwas verschrumpelt, gehäkelt hatte, wieder aufgezogen und neu gehäkelt, sie hatte auch eine umlaufende Borte gehäkelt. Die beiden Topflappen waren perfekt. Meine Mutter beugte sich über das Pult, auf dem Tafellineal, Klassenbuch und der Lehrerkalender, in den sie die Noten eintrug, lagen. Sie musterte ihr Werk. Sie musterte es, als sähe sie es zum ersten Mal, hielt die Baumwolläppchen ein Stück in die Höhe und kniff, obwohl sie das gar nicht mußte, denn sie sah sehr gut, die Augen zusammen. Und verriet, wie ich fand, gerade mit dieser übertriebenen Geste ihre Schauspielerei. Ich hätte gern gelacht oder wenigstens gegrinst, spielte aber weiter mit. Meine Mutter sagte, Ja, ganz ordentlich, hier allerdings etwas unregelmäßig – und zeigte auf die beiden einzigen Reihen, in denen ein paar Maschen von mir geblieben waren. Meine Mitschüler, die alle ähnlich perfekte, ähnliche Zweifel an ihrer Autorenschaft weckende Topflappen vorzeigten, bekamen eine Eins oder eine Eins minus. Mir, beziehungsweise sich selbst, gab meine Mutter eine Zwei plus. Nur Jürgen K., ein Junge, der uns schräg gegenüber wohnte, zeigte Topflappen, die er ganz und gar allein gehäkelt haben mußte. Aus irgendeinem Grund hatte weder seine große Schwester noch seine Mutter ihm geholfen. Für seine kleinen, verschrumpelten Topfläppchen, auf die er, für mich unverständlich, sogar stolz war, bekam er eine Zwei minus. Er sagte, er wolle sie seiner Mutter zu Weihnachten schenken. Ich hingegen sah keinen Sinn darin, meiner Mutter Topflappen zu schenken, die sie selbst gehäkelt hatte. Ich hängte sie einfach in die Küche, an die Hakenleiste über den Kochplatten an der Wand.

Später landeten die grün-rot gerippten Topfläppchen im Keller. Und Jahre später, als ich von Zeit zu Zeit in die Verlegenheit kam, mir die Schuhe putzen zu müssen, wischte ich mir mit einem von ihnen – sie lagen nun im Schuhputzschrank – über das Leder meiner eben eingeschmierten Schuhe. Es dauerte, bis ich bemerkte, daß nur einer von ihnen übrig war.

Neunzehn oder zwanzig Jahre nachdem meine Mutter ihre eigenen Topflappen benotet hatte – meine Mutter war schon zwölf Jahre tot –, entdeckte ich, durch einen Zufall, daß die Frau, mit der ich verheiratet war, bei meiner Mutter lesen und schreiben gelernt hatte. Von da an glaubte ich, in ihren Briefen und auf ihren Einkaufszetteln, in der Ausführung ihrer Ober- und Unterlängen, dem Schwung der Bögen und dem Grad der Neigung ihrer Buchstaben, die mir bis dahin nur bekannt vorgekommen waren, tatsächlich eine Spur der Schrift meiner Mutter auszumachen – die sich, wie ich mir dachte, der Hand meiner Frau bei den Erstkläßler-Übungen auf der dunkelgrünen, biegsamen Scolaflex-Tafel eingeprägt haben mußte.

Faulenzer

Ich habe das Linienblatt meiner Mutter, sie nannte es Faulenzer, behalten. Ich weiß, daß sie ihre Briefe damit geschrieben hat, sie legte ihn unter den Bogen Briefpapier, auf dem sie nicht, wie ich, Bleistiftlinien ziehen mußte, die nachher, unter der Gefahr, dabei das Blatt zu zerknittern, wegzuradieren waren. Ihr reichten die durch das weiße Blatt schimmernden Linien des Faulenzers, mit dessen Hilfe es ihr gelang, die Wörter in gerader Reihe und die Reihen, wie von Zauberhand geschrieben, in immer gleichem Abstand auf das Papier zu bringen. Eine Kunst, für die ich sie bewunderte. Schreiben war eine geheimnisvolle Tätigkeit. Heute, wenn ich dieses Linienblatt, ihren Faulenzer, unterlege, kommt es mir vor, als schrieben sich ihre Wörter mit meiner Hand auf das weiße Blatt, als schriebe gar nicht ich, sondern sie mit meiner Hand.

Durchschlag

Schreibe ich mit der Hand, mit einem Bleistift oder einem Füller das Wort *Papa*, dann schreibt meine Hand dieses Wort, als ob mein Vater *Papa* geschrieben hätte. Das Wort schaut mich vom Papier oder von der Postkarte, auf der ich unterschreibe, an, als hätte mein Vater es geschrieben, durch mich hindurch, als hätte er meine Hand in seiner Gewalt.

Hauchdünne Täfelchen

Mit zehn oder elf hatte ich eine Zeitlang dieselbe Schuhgröße wie meine Mutter. Und habe, während sie krank im Bett lag und überhaupt keine Möglichkeit hatte, ihre Schuhe zu tragen, nach und nach ihre Bootsschuhe und Mokassins, die im großen Schuhregal unter der Treppe standen, aufgetragen. Ich habe sie mir mit spätkindlicher Selbstverständlichkeit im Frühjahr angezogen und im Herbst ausgelatscht ins Regal zurückgestellt. Einen Sommer später, meine Mutter war schon tot, waren meine Füße zu groß für ihre Schuhe.

Mit derselben Selbstverständlichkeit habe ich ihre Schokoladenverstecke geplündert und ihre Kekse, Katzenzungen, Hauchdünnen Täfelchen und Pralinen aufgegessen. Die leeren Packungen habe ich einfach liegenlassen, als könnten sie einige, mich vielleicht rettende Sekunden darüber hinwegtäuschen, daß ihr Inhalt, meine Schuld, fehlte.

Die Schokoladenverstecke waren ganz leicht zu finden. Ich konnte sie riechen. In dem Schrank, in dem auch die Ersatzglühbirnen lagen, neben dem Sicherungskasten auf dem obersten Treppenabsatz, in dem kleinen

Hängeschrank im Keller über dem Altpapierfach. In der Waschküche neben dem Schuhputzschrank, in der Garage. Eis, das war einfach, konnte nur im Vier-Sterne-Fach in der Küche oder in der Kellertiefkühltruhe sein, manchmal umverpackt in eine größere Tupperwaredose, auf deren Etikett Rindfleisch stand. Einen Teelöffel hatte ich immer in der Hosentasche.

Auskunft

Und wo ist deine Mama? fragt das Kind. Meine Mutter? Ich weiß es nicht, sage ich. Ich weiß es nicht so genau.

Später werde ich ihr erzählen, daß ich an dem Tag, an dem sie starb, es war ein Montag, im Krankenhaus anrief, weil ich ihr etwas erzählen wollte. Es hieß dann allerdings, sie sei in ein anderes Zimmer verlegt worden. So jedenfalls lautete die Auskunft einer Frau am Telefon, deren Stimme ich noch nie gehört hatte. Nicht viel später rief mein Vater an und bat mich, um fünf Uhr zu Hause zu sein, er komme früher aus der Firma. Und ich wußte noch immer nicht, was das zu bedeuten hatte.

Was wolltest du ihr denn erzählen? fragt das Kind. Weißt du das nicht mehr?

Telefon

Hast du schon geduscht? fragt das Kind am Telefon. Hast du dich schon angezogen? Spielst du? Hast du schon ein Marmeladebrot gegessen?

Das Kind nimmt den Hörer ab und tut als ob, tut so, als ob es telefoniere, schüttelt den Kopf, sagt, Ja, ja und Nein, imitiert mich, macht mich nach, sagt, Okay, ja, okay, ist klar.

Sie nimmt mein Adreßbuch vom Schreibtisch, öffnet es, geht zum Telefon, tut so, als lese sie eine Telefonnummer ab, und tippt sie ein. Sie macht mich wieder nach, und Jahre, Jahrzehnte später wird eine Freundin, eine Tante oder ein anderer, neutraler Beobachter behaupten, du und dein Vater, ihr seid euch aber ähnlich, die gleichen Bewegungen, die gleichen Gesten. Das Kind tanzt einfach alles nach.

Daß ich fast immer ein Telefon dabeihabe, daß wir immer, überall Empfang haben, findet das Kind ganz normal. Ich kann mir selbst kaum mehr vorstellen, einmal ohne Mobiltelefon gelebt zu haben, erinnere mich dann aber an die Angst, die ich hatte, den einen, den einen wichtigen Anruf zu verpassen, während ich nur eben die Treppe hinunterlief, um nachzusehen, ob nicht ein Brief von ihr, der Einzigen, der gerade Geliebten, im Briefkasten lag. Weshalb ich für diese kurzen Gänge den Hörer neben die Gabel legte, auf die

Gefahr hin, sie könnte glauben, ich telefoniere mit einer anderen.

Manchmal ruft mein Vater an, weil er gerade nichts zu tun hat, unterwegs ist und Zeit hat oder einfach nicht weiß, was er machen soll. Ohne Grund, nur so, ruft er an. Er will, das höre ich ihm an, nur meine Stimme hören. Nicht wirklich etwas sagen.

Ich kann ja noch bei meinem Vater anrufen, sagt sie, aber es ist eigentlich so, als könnte ich es nicht mehr. Der, mit dem ich dann spreche, klingt zwar wie er, hat die Stimme meines Vaters, was er aber auch sagt, ergibt gar keinen Sinn mehr, richtig reden, uns unterhalten können wir nicht, er sondert nur noch Wörter ab, keine Sätze mehr, läßt seinen Sprachvorhang herunter, durch den ich gar nicht mehr hindurchkommen soll.

Dann ruft mein Vater wieder an, spricht mit mir, erzählt von seiner Amerikareise, fragt vielleicht auch, wie es mir oder wie es dem Kind gehe, ich versuche zu antworten, versuche, etwas zu sagen, irgend etwas zu erzählen, aber ich weiß schon, er hört das ja gar nicht mehr, er kann das gar nicht mehr hören, weil es wegen einer Phasenverschiebung von etwa dreißig Jahren vielleicht an, aber gar nicht mehr in sein Ohr dringen kann. Es ist unmöglich, mit ihm zu kommunizieren. Ich sage etwas und weiß doch, daß alles, alles, was er sagt und ich sage, sich in verschlüsselten Datenpaketen aneinander vorbeischiebt, vom anderen jedoch gar nicht mehr entschlüsselt werden kann, weil es keinen gemeinsamen Code, nicht einmal einen gemeinsamen Datenstandard mehr gibt. Alles, was er sagt, und alles, was ich sage, verhallt unverstanden, nichts kommt mehr an, gar nichts, wie auch, und ich spüre die unendliche Entfernung, weites, leeres Nichts, und komme mir vor wie das kleinste Bauteil einer Raumsonde, weit draußen am Rande unseres Sonnensystems, Plutos Umlaufbahn habe ich vor langer Zeit gekreuzt, und die Sonne im Rücken ist nur noch ein kleiner, kalter Stern.

Und dann rufe ich doch meine Eltern an, weil ich mir Sorgen mache, zu lange schon habe ich nichts von ihnen gehört.

Anrufbeantworter

Und ich träume, ein Anrufbeantworter zu sein, nur noch Stimme, immergleiche Ansage. Für immer.

Ich bin's, Papa, sagt die Stimme auf dem Anrufbeantworter, ich möge doch bitte zurückrufen. Und ich höre an seinem Tonfall, daß etwas passiert sein muß. Und schon überlege ich, versuche den Gedanken jedoch nicht zu denken, mir die Frage, wer gestorben sein könnte, nicht zu stellen. So erfolgreich wie bei dem Spiel, bei dem es darauf ankommt, eine Minute lang nicht an Pfefferminz zu denken, und ich schon an kalten Pfefferminztee in Jugendherbergen, Minze im

Garten, Minzsauce zum Lamm, weißrosa Pfefferminzbruch in transparenten Tüten und Mojitos mit frischer Minze gedacht habe, bevor ich die Spielidee überhaupt verstanden habe.

Eines Tages, nachts oder nachmittags, vielleicht auch vormittags, egal ob es gerade paßt oder nicht, wird ein Telefon klingeln, eins, das in meiner Jackentasche steckt, ich werde das Gespräch trotz unterdrückter Rufnummer annehmen und eine Stimme, die ich noch nie im Leben gehört habe, aber dennoch sofort erkennen werde, wird sagen, es ist soweit. Der Tod ist heute sehr höflich, er ruft einmal durch, kündigt sich an und sagt, Ich komme gleich vorbei.

Als Kind dachte ich, daß man auch die Toten anrufen könnte. Wozu liegen die Kabel sonst in der Erde? Nur die Nummern – niemand wußte ihre Nummer. Sie stehen auch nicht im Telefonbuch.

Selbst die Telefonerfinder hofften darauf, die Toten anrufen zu können. Die Hoffnung, mit Verstorbenen zu kommunizieren, war sogar einer der Gründe, das Telefon überhaupt zu erfinden. Passenderweise arbeitete das erste Telefon mit dem Gehörknöchelchen einer Leiche.

Das Kind, es hat den Hörer abgehoben, horcht ins Telefon hinein und lauscht auf ein Gespräch. Kommt Opa jetzt ans Telefon? Kommt er? Warum sagt er denn nichts? Wieso ist er denn nicht da?

Das Bett ihrer Urgroßmutter

Irgendwo ist ein Schalter, ich weiß nicht genau, was oder wer den berührt, einmal umgelegt, schläft sie ein.

Schlafen, sagt das Kind und klappt zusammen. In diesem Augenblick, die Aufmerksamkeitsspiegelung ist zu Ende, geht auch mir die Luft aus. Ich schlafe ein. Vielleicht, weil ich gestern zu betrunken war, nicht ins Bett gekommen bin, nicht gut geschlafen habe oder einfach müde bin.

Ich will in deinem Bett schlafen, sagt das Kind und liegt schon in dem Bett, in dem ihr Großvater als Kind geschlafen hat, in dem Bett, in dem meine Großmutter, ihre Urgroßmutter und ihre Geschwister geschlafen haben, sie liegt und schläft und atmet ruhig in dem Bett, das die Großmutter meiner Großmutter als Teil ihrer Aussteuer mit nach T. gebracht hat. Betten wurden an die Töchter vererbt, bis mein Vater, weil es sein Kinder- und Jugendbett war und seine älteste Schwester es nicht wollte, es aus seinem Elternhaus mitnahm. Jetzt steht es hier. Das Kind weiß von nichts. Es schläft.

Und es ist noch gar nicht so lange her, da habe ich entdeckt, daß mein Vater, ihr Großvater, irgendwann Ende der vierziger, Anfang der fünfziger Jahre – ich erkenne seine Schrift, obwohl es noch seine Kinderschrift ist – an einer Stelle, die sonst von der Matratze bedeckt ist, seinen Namen in Kinderhandschrift hinterlassen hat.

Seine Mutter, meine Großmutter, ihre Urgroßmutter, die als Witwe wieder in diesem Bett, das auch ihr Kinderbett gewesen war, geschlafen hat, ist in diesem Bett gestorben. Ich sehe das Kind in meinem, seinem, ihrem Bett, es schläft. Das Bett ist noch älter, die Geschichten davor kenne ich nicht.

Nachtlicht

Und wenn ich eingeschlafen bin, sagt das Kind, ihr Bett steht nicht an der Wand, sondern frei im Raum, mußt du mich ganz vorsichtig streicheln. Wenn ich auf dieser Seite liege, von dieser Seite, und wenn ich auf der anderen Seite liege, von der anderen Seite.

Ich brauchte das Nachtlicht, den Lichtschein durch den Türspalt und die deckengedämpften Geräusche meiner Eltern, die noch wach waren – das war lange bevor ich darauf bestand, daß die Tür zu meinem Zimmer geschlossen zu bleiben habe. Durch die geöffnete Tür drangen die Geräusche der Erwachsenen herauf, die im Halbdunkel eine Geräuschlandschaft mit Geräuscharchitekturen bildeten. Manchmal, wenn ich die Augen geschlossen habe, passiert es mir noch heute, daß ich irgendein Geräusch für ein Geräusch von damals halte, ich höre dann die elektrische Brotschneidemaschine unten in der Küche, die Spülmaschinentür, den Motor des Garagentors und dessen Ächzen, aneinanderstoßende Weingläser, Mama und Papa, die spät am Abend noch einmal Käse essen – und bilde mir ein, ich könnte die Augen öffnen, aufschauen und wieder das Kind sein hinter dem Türspalt, durch den das Licht fällt.

Die offene Tür versicherte mir, daß die Welt noch da war. Ich hörte das Geschirr, das Besteck, die Töpfe in der Küche, das Rauschen des fließenden Wassers, den Hund im Garten, ein Auto in der Einfahrt, meinen Vater, der vor dem Haus stand und pfiff; entweder nach dem Hund oder, wenn ich noch las, als Zeichen für mich, das Licht auszumachen.

Geh jetzt, sagt das Kind nach dem Gutenachtkuß, sie hat beschlossen, es sei nun genug. Das Kind will alleine sein und schubst mich aus dem Bett, sagt noch einmal, Geh jetzt!, und fängt bald an, ich höre das durch die nur angelehnte Tür, ihren Einschlafmonolog zu singen.

Wovon ihr Singsang, ihre Einschlafmonologe handeln? Ich weiß es nicht. Ich weiß nicht, wovon ihre Sprache vor dem Einschlafen spricht. Das Kind zählt die Namen all ihrer Spielkameraden auf, ruft sie, singt, spielt alle Spiele des Tages noch einmal nach, spielt Sprachspiele, zählt, sagt sich Verse auf, sagt, Friederich, der Friederich, das war ein arger Wüterich, sagt, Krokodil, Kokodil, singt, wiederholt, variiert und rekombiniert, spricht Lyrik. Findet, kommt zur Sprache.

Sie singt dann, abends im Bett. Sie singt noch, singt sich in den Schlaf.

Halbschlaf

Was machst du? fragt das Kind, es ist im Auto eingeschlafen, als ich es die Treppe hoch in die Wohnung trage und auf sein Bett lege. Was machst du?

Ich erinnere mich an die Heimfahrten, abends nach Besuchen bei Tante Mila, Tante Meta oder Tante Thea, hinten, auf der Rückbank, dunkel bis auf das grünliche Leuchten der Armaturenbrettbeleuchtung. Meine Mutter sagt, Schlaf doch, und wenn ich auch glaubte, nie einschlafen zu können – ich war mir sicher, daß sich so etwas gar nicht beschließen ließe –, schlief ich dann, obwohl ich wach bleiben wollte, weil ich ja weiter, was mir sehr gefiel, auf die Autobahn und ihre Lichter schauen wollte, irgendwann doch ein. Der Schlaf kam, wie sonderbar, doch über mich, und nie wußte ich, nie hätte ich sagen können, wann genau und wie er mich gegriffen hatte. Bevor ich es hätte merken können, war ich schon fort, eingeschlafen, und hatte ihn, den Schlaf, seltsamer Mann, schon wieder nicht getroffen.

Erst am nächsten Morgen, wenn ich aufwachte, wußte ich, daß ich eingeschlafen sein mußte. Ich hatte es wieder nicht bemerkt, der Schlaf hatte sich angeschlichen, mich betäubt und mitgenommen. Das passiert mir jeden Abend.

Mein Vater trug mich aus dem Auto ins Haus und legte mich auf mein Bett, meine Mutter zog mich aus. Vielleicht wachte ich in dem Moment, als mir die Schlafanzughose angezogen wurde, kurz auf, um verschlafen Was ist denn zu murmeln, lange genug, um mich zu wundern, daß wir nun wieder in meinem Zimmer waren und meine Mutter und mein Vater nicht mehr vor mir im Auto saßen, sondern an meinem Bett, in meinem Zimmer standen. So wache ich heute nur noch in Träumen auf.

Was machst du, murmelt das schlaftrunkene Kind, als ich ihm den Schlafanzug anziehe. Was machst du, murmelt das Kind und schläft wieder ein.

Ausziehspiele

Ich staune, wieviel älter das Kind wirkt, als es den Pullover, halb über den Kopf gezogen, wie eine Schwesternhaube vor dem Haaransatz hängen läßt. Das Kindergesicht sieht gleich anders, viel älter aus, so erwachsen, denke ich, während das Kind ruft, Eine Frisur, eine Frisur, ich habe eine tolle Frisur. Und mich grinst in dem Augenblick diese Geschichte aus dem Decamerone an, in der die Äbtissin mitten in der Nacht aufsteht, um den anderen Nonnen eine Moralpredigt wegen der Männerbesuche im Schlafsaal zu halten, dabei allerdings nicht, sie hat sich in der Eile vergriffen, ihre Schwesternhaube, sondern die Hose ihres Liebhabers auf dem Kopf trägt.

Und dann wundere ich mich, wie das Kind sich seinen Schlafanzug anzieht, ich wundere mich über die raffinierte Linksrum-Anziehtechnik, ihr Friemeln und wie sie das Schlafanzugoberteil auf einmal richtig herum anhat. Ich habe Schwierigkeiten, mir überhaupt vorzustellen, wie sie das gemacht hat.

Ich erinnere mich an meine Ausziehspiele abends, das Austreten der Schuhe. Das hieß, sie von der Ferse zu streifen und mit weit ausholender Bewegung in irgendeine Zimmerecke zu schießen, was auch mit den viel leichteren Strümpfen, wenn sie nur locker genug auf dem vorderen Teil des Fußes saßen, möglich war. Leider landete einer meiner Schuhe eines Abends nicht in der Zimmerecke, in die ich gezielt hatte, sondern in der Fensterscheibe meines Kinderzimmers und blieb dort stecken. Mein Vater war nicht begeistert. Er mußte, es war eine kalte Winternacht, die Scheibe mit Karton und Paketklebeband verkleben.

Noch heute muß ich fast jeden Abend überlegen, ob ich erst die Hose oder doch zuerst alle Oberteile samt Unterhemd ausziehe, ob ich die Strümpfe ausziehe oder doch anlasse und vielleicht erst später, auf dem Bett liegend, mit dem großen Zeh des jeweils anderen Fußes abstreife.

Die Plumeaubildhauerin

Und dann liege ich im Bett, und plötzlich liegt meine eigene Kindheit im Federbett, ich, wie ich war, bin wieder da. Aus dieser Bettdecke läßt sich in diesem Augenblick alles nachformen, jeder Tag, der je gewesen ist, so liege ich hier und baue mir die Tage nach, erschaffe Denkmäler, die bis zur nächsten Bewegung halten. Große Leistung.

Das Kind baut sich eine große Puppe aus seiner Decke, einen Kopf aus dem Kissen, dann eine Burg, ein eigenes Haus, eine Höhle, einen Walfisch, dann ein Krokodil.

Dann ist es doch wieder nur eine wippende Erinnerung, das Bild wackelt. Ich sitze auf der einen, das Kind auf der anderen Seite, und ich werde hineingeschaukelt, das Kind auf der einen, ich auf der anderen Seite. Das Bild springt immer wieder um.

Und ich ertappe mich dabei, wie ich Erinnerung fabriziere, ich erwische mich, mit der Figur meiner Mutter, wie ich sie nur von Fotos kenne, ich sehe meine Mutter auf einer Wippe, auf der Schaukel im Garten. Dabei kann ich mich gar nicht daran erinnern. Es kann gar nicht sein, daß ich mich erinnere.

Als sei da ein Zeitfenster, ein Übergang zum Einschlafen, mein persönlicher Grenzübergang, in meinem Bett geht's hinüber, nach drüben.

Einmal dachte ich, meine Mutter stünde die ganze Zeit an der Tür und passe auf, daß ich mich nicht bewege. Manchmal denke ich noch heute, sie stünde da, hinter dem Lichtschein. Irgendwo steht sie und paßt auf.

Einschlafen

Nie weiß ich, wie das kam, daß ich doch eingeschlafen bin. Ich hatte es doch gar nicht vor. Am nächsten Morgen habe ich es immer vergessen.

An heißen Sommertagen, fällt mir im Halbschlaf ein, stand die Rutsche mit ihrem Vorderteil im Planschbecken auf der Wiese. Von oben ging es nach unten, ich mußte nur loslassen und konnte durch das Wahrnehmungswunder rutschen, aus der Luft ins Wasser, einen Stock tiefer. Und durch den Planschbeckenboden fühlte ich die Erde unter dem Gras.

Das Kind legt sich seinen Arm über die Augen und glaubt, nicht mehr dazusein. Sie sieht nichts mehr, die

Welt ist fort. Wo bin ich? fragt sie in ihre ganz private Dunkelheit. Hier bin ich! ruft sie und ist, den Arm hat sie weggezogen, wieder da.

Hat das Kind noch Erinnerung an seine noch gar nicht so lange zurückliegende Dunkelheit? An das Nichts? Vergißt das Kind das Nichtdasein erst später? Und wie kommt es, daß ich glaube, glauben möchte, mich an eine rote, manchmal hellrote Dunkelheit zu erinnern? Erinnere ich mich eigentlich ans Nichts? An die hellrot schimmernde Dunkelheit?

Manchmal frage ich mich, ob ich mich deshalb so gerne totstelle, nicht höre, nicht mehr reagiere, mich für nichts, gar nichts mehr interessiere, nichts sage, nichts sehe, als müßte ich üben, für später, wenn ich tot bin.

Tapete

Mach kein Licht, bitte nicht, sagt das Kind, mitten in der Nacht, es ist wach, kommt zu mir ins Bett und sagt, Da ist der Mond. Und meint die erleuchteten Fenster der Häuser gegenüber.

Der Mond ist aufgegangen, singt das Kind, das traurigste Lied, das ich kenne, und mir kommt es auf einmal so vor, ich habe ja schon geschlafen, als sänge da meine Mutter. Das Kind schläft wieder ein und ich bin hellwach.

Mir kommt alles, was ich sage oder singe, so vor, wie der Stimme meiner Mutter hinterhergesungen. Als sei es bloß der Versuch, ihre Stimme, an die ich mich gar nicht mehr erinnern kann, noch einmal zu hören. Sie war auf einmal weg.

Mach mal die Sonne aus, sagt das Kind, es ist weniger dunkel als sonst, der Vollmond steht hinter den Zweigen und scheint durchs Fenster auf die Tapete. In einer anderen Nacht sagt sie, der Mond sieht so angefressen aus. Sagen das nicht fast alle Kinder in diesem Alter? Hat es nicht auch gesagt, der Mond könnte ein Käse sein? Und wir die Würmer?

Ich seh' den Mond, sagt das Kind, ich seh' den Mond. Der Mond ist immer bei uns. Ja. Der Mond ist immer da. Ein paar Tage später will sie mit einer Rakete zum Mond hinauf. Ich weiß gar nicht, wo sie das Wort Rakete herhat.

Und ich sehe mich, im Mondlicht, in meinem Kinderzimmer, in meinem alten, ersten Kinderzimmer, das ich nur noch von Fotos kenne, vor einem eingebauten Wandschrank, in dem das Spielzeug liegt, in einem Haus aus den zwanziger Jahren. Das Kind steht auf einmal da und lacht, das Kind steht da, das Kind wohnt jetzt dort, sie hat das Zimmer übernommen.

Manchmal drehe ich mich im Halbschlaf und spüre die Tapete an der Wand dieses längst abgerissenen Hauses, die Tapete auf dem Putz der Mauer, der tragenden Wand, die gar nicht mehr steht. Liegt ja nur die Zeit zwischen mir und dieser Mauer.

An dieser Wand klebt in dieser Erinnerung noch eine Tapete, auf der Clowns und Gewichtheber abgebildet sind, die Zirkustapete meines zweiten Kinderzimmers, später, als sie mir nicht mehr gefiel, mit Rauhfaser überklebt, die gelb gestrichen wurde.

Ähnlichkeit

Vermisse ich seine Mutter, sieht das Kind wie seine Mutter aus. Denke ich an meine Mutter, sieht sie wie meine Mutter aus. Mein Vater sagt, sie erinnere ihn an seine Mutter. Alle anderen sagen, sie sähe aus wie ich.

Sehe ich ihn an, sagt eine Freundin, sehe ich seinen Vater, ein wenig kleiner. Seine Miniaturausgabe. Hoffentlich, sagt sie, wird er nicht ein genauso großes Arschloch.

Sieht meine Tante ein Enkel- oder Urenkelkind, einen Großneffen oder eine Nichte, behauptet sie, das ist ihr Ähnlichkeitsreflex: Ganz die Mirli, ganz die Fanny, ganz der Rudi, das ist doch die Reserl, das ein Karl. Sie sieht Ähnlichkeiten mit Verwandten, die keiner mehr kennt, die alle außer ihr nur noch als Namen kennen. Niemand kann ihre Ähnlichkeitsisobaren nachvollziehen. Nur sie erinnert sich.

Über die Ähnlichkeit mir völlig unbekannter Mutter-Tochter-Paare, denen ich in Kaufhäusern oder Kleidungsgeschäften begegne, kann ich oft nur staunen. Die Mütter kommen mir nicht selten wie alte Bekannte vor, weil ich ihre Gesichtszüge schon aus den Gesichtern der Töchter kenne. Und umgekehrt. Manchmal bilden beide – vor einem Kleiderständer oder dem Vorhang einer Umkleidekabine – sogar ein barockes Vanitas-Emblem, Zukunft neben Vergangenheit. Sonderbarer-, ja paradoxerweise steht die Tochter in diesem Fall für die Vergangenheit, die Mutter hingegen für die Zukunft, zeigt die Jüngere der Älteren doch, wie sie war, und die Ältere der Jüngeren, wie sie wahrscheinlich einmal aussehen wird, eines Tages, in soundso viel Jahren.

Ich erinnere mich an die Geschichte der Frau in dem sizilianischen Kindergarten. Als sie ihre dreijährige Tochter am Nachmittag des ersten Tages, den das Kind im Kindergarten verbracht hat, abholen will, bringt man ihr nicht das Kind, das sie bis dahin für ihre Tochter gehalten hat, sondern ein anderes, ihr völlig unbekanntes, das sie noch nie gesehen hat – ihr aber, wie es in der Wendung so schön und grausam heißt, wie aus dem Gesicht geschnitten ist. Die Frau fängt an zu zittern und beginnt zu weinen und kann gar nicht sagen, wieso. Beide Kinder, stellt sich später heraus, sind in einer Silvesternacht im Abstand von nur fünfzehn Minuten im gleichen Krankenhaus zur Welt gekommen. Und, tja, vertauscht worden.

Ähnlichkeit ist eigentlich nur zu ahnen, nicht wirklich zu sehen. Wir wissen ja nichts Genaues. Die meisten, denen wir ähnlich sehen, sind tot und nur noch Namen, wie meine Tante sie nennt, Namen, die sie, ich weiß es nicht so genau, vielleicht auch bloß von Grabsteinen kennt.

Verwandtschaft

Was hatten meine Eltern miteinander zu tun? Was haben sie aneinander gefunden? Gehörten sie zusammen? Gehörten sie vielleicht nur durch mich zusammen? War das Liebe? Was war es, wenn es keine Liebe war?

Ich habe, sagt eine Freundin, bis heute nicht herausgefunden, was meine Eltern, auch wenn sie verheiratet waren, miteinander zu tun hatten. Immer wenn ich sie zusammen sah, versuchte ich herauszufinden, was sie irgendwann einmal aneinander gefunden hatten, was sie bewegt haben könnte, sich zusammenzutun. Was das auch immer gewesen sein mag, es mußte sich lange verflüchtigt haben. Ich habe nie auch nur eine Spur davon gesehen.

Gehörten sie nun zusammen? Oder waren sie nur durch die Funktionalisierung im Kleinsystem Familie zusammen, in das sie durch mich, das Kind geraten waren?

Eine Zeitlang hat mich irritiert, daß meine Mutter und mein Vater gar nicht miteinander verwandt waren. Eigentlich hatten sie nichts gemeinsam und nichts miteinander zu tun. Was auch daran zu merken war, wie beide Familien miteinander umgingen. Oder eben nicht umgingen. Veranstaltungen fanden entweder in der einen oder der anderen Hemisphäre statt.

Sind meine Großmütter sich je begegnet? Als ich konfirmiert wurde, waren beide schon tot. Später erstaunte mich, daß sie beide auf den Hochzeitsbildern meiner Eltern zu sehen waren. Kannten sie einander? Hatten sie miteinander geredet? Hatten sie sich etwas zu sagen? Konnten sie überhaupt miteinander reden? Verstanden sie sich? Ich hatte immer angenommen, sie seien einander nie begegnet. Nie habe ich der einen von der anderen erzählt, nie hat die eine nach der anderen gefragt.

Meine Eltern waren neunzehn Jahre verheiratet, sagt eine Bekannte, kurz nach meinem achtzehnten Geburtstag, noch bevor ich mit der Schule fertig war, ließen sie sich scheiden. Und obgleich sie versuchten, es vor mir zu verbergen, sie wirkten beide sehr erleichtert. Als hätten sie etwas, was nur, fragte ich mich, überstanden.

Frauen suchen sich oft Männer, die ihren Vätern ähnlich sehen, während Männer sich gern Frauen suchen, die ihren Müttern ähneln. Wenn sie selbst nun ihren eigenen Elternteilen ähnlich sehen, ergibt das über Kreuz neue Ähnlichkeiten. Paare sind also wahrscheinlich deshalb Paare, weil beide Partner einander ähnlich sehen. Und tatsächlich, in Blindversuchen können Probanden Bilder von Einzelpersonen mit sehr hoher Trefferquote zu Paaren zusammensetzen.

Ich war erleichtert, als ich erfuhr, daß mein Großvater seine Cousine geheiratet hatte, und erleichtert, als ich erfuhr, daß meine Großmutter und mein Großvater die gleichen Großeltern hatten. Sie gehörten also zusammen. Eine Liebesheirat, die sie von ihren Eltern entzweit hatte, hieß es. Sie liefen von zu Hause fort und verbrachten zusammen ein paar schwierige Jahre, bis sie wieder aufgenommen wurden.

Im Garten lag der Grabstein, den mein Großvater, wie erzählt wurde, kurz nach dem Krieg in einer Schubkarre vom Friedhof geholt hatte, der Stein war nicht groß und nicht besonders schwer, ein Kindergrabstein, für die 1929 geborenen und 1930 kurz nacheinander gestorbenen Zwillinge. Mein Großvater, erzählte meine Mutter, zehn Jahre jünger als die toten Zwillinge, habe den Grabstein mit der Schubkarre vom Friedhof geholt, weil auf den in den letzten Kriegswochen so viele Bomben gefallen waren, daß der Teil, in dem ihr Grab, das Kindergrab, gelegen hatte, eingeebnet und neu angelegt werden mußte. Den Stein habe ich später, Jahrzehnte später noch im Garten unter einem dann schon riesigen, von meinem Großvater als Kind gepflanzten Walnußbaum liegen sehen. Das Hochwasser, das vom Rhein her die Gärten alle paar Jahre überflutete, hat ihm nie etwas getan. Die Toten, das wußte ich, lagen da ja gar nicht. Nur ein wenig Erde, Erde, die an dem Stein klebte, hatte mein Großvater mitgebracht.

Nicht so schlimm

Ist doch nicht so schlimm, sagt das Kind, als ich auf die Tischdecke kleckere, das Kind steht auf und läuft mit Trippelschritten ins Bad, kommt mit einem Lappen zurück und wischt, wo ich gekleckert habe. Und sagt noch einmal, sehr beschwichtigend, ich staune, Ist doch nicht so schlimm.

Der Frankfurter Kranz stand auf dem Sofatisch im Wohnzimmer ihrer Altbauwohnung, die hohe Stuckdecke ließ mich denken, ich sei in einer Kirche. Das Sofa, auf dem ich sitzen mußte, hatte Sprungfederpolsterung. Sobald ich mich bewegte, wippte ich auf und ab. Den Kaffee goß meine Tante aus einer Porzellankanne, die eine Warmhaltehaube aus Stoff trug. Über Onkel Edzard, dem pensionierten Oberregierungsdingsbums, hing ein präparierter Wildschweinkopf, neben dem Sofa lag die Frankfurter Allgemeine, darunter die Neue Revue.

Onkel Edzard, vor dem Krieg ein obereifriger Unterdingsbums, tat immer so, als lese er die Frankfurter Allgemeine, blätterte tatsächlich aber durch die Neue Revue. Schaut sich wieder nackte Weiber an, sagte Tante Thea zu ihren Schwestern, meinen Tanten. Meine Tanten aßen den Frankfurter Kranz, und die Uhr auf der Anrichte schlug jede Viertelstunde. Ich kratzte die Creme aus dem Stück auf meinem Teller und fürchtete, auf die durchbrochene Tischdecke zu kleckern. Später, wenn es in dem Geweihwohnzimmer wieder nach Wein roch, den meine Tanten aus grünen, gerillten Römern tranken, und ihre und auch die Aufmerksamkeit meines Onkels ein wenig nachgelassen hatte, sah auch ich mir in einer der Illustrierten Busen und Schamhaare an, da hing die große, geheime, nie gestellte Frage aller Tanten schon lange wieder vor den Hauern der Wildschweintrophäe im Raum, sie lautete Warum, warum in Gottes oder drei Teufels Namen, hatte von allen Männern ausgerechnet der immer schlecht gelaunte Oberpedant Onkel Edzard den Krieg überlebt?

Jede Tante hatte ihre Torte, jede Tante hatte ihren Toten. Immerzu hieß es, Soundso hat diese Torte ja so gern gegessen, iß, mein Junge, iß. Und mir kam es vor, als sei ich verpflichtet, noch ein Stück für den nie gekannten Onkel Rudi, für Onkel Karl und Onkel Max mitzuessen. Mein lieber Karl, der in Frankreich, mein lieber Max, der in sibirischer Erde friert. Mein lieber Mann hat sie so gern gegessen, sagte Tante Reserl. Und legte mir noch ein Stück Großvaterschokoladentorte auf den Teller.

Sie wohnte an der Mosel, und wir besuchten sie nur an Allerheiligen, jedes Jahr. Auf dem Friedhof, der gleich unter den Weinbergen lag, roch es nach dem Weihrauch, den der Pastor auf jedes Grab sprenkelte, in Tante Mias kleinem Haus nach Zimtwaffeln. Den Onkel zu dieser Tante gab es nur auf einem silbergerahmten Foto, als jungen Mann in Uniform, auf ewig alterslos. Zu den Zimtwaffeln gab es Unmengen sehr steif geschlagener Sahne, den ganzen, langen, früh dunkel fallenden Nachmittag hindurch zog Tante Mia die Allerheiligenwaffeln aus ihrem Gußwaffeleisen. Später mischte sich Moselwein in den Waffelgeruch. Und von draußen der Herbst und das brackige Wasser, das sich kurz vor der Staustufe kaum bewegte.

Mein Geburtstagskuchen hatte brennende Kerzen, eine Zahl und bunte Liebesperlen oder Smarties. Und silberne Kügelchen, die ich Gewehrkugeln nannte. Ich muß lachen, als ich ihr das erzähle.

Die schöne Lüge

Große Vorstellung Weihnachten. Weihnachten muß alles richtig sein und recht gemacht werden. Tannenzweige müssen aufgestellt, Adventssterne gebastelt, Plätzchen gebacken, der Weihnachtsbaum geschmückt und Lieder gesungen werden. Eine Wiederaufführung, eine Wiederaufnahme, nach so vielen Jahren, es hat gar keinen Zweck, sich dagegen zu wehren. Es hat ja alles so zu sein. Als käme es darauf an, dem Kind die gleiche Weihnachtserinnerung einzupflanzen, ihm alles zu überspielen, mitzugeben.

Und dann, wenn wir alle zusammen sind, alle bei Mama und Papa sitzen, die längst Oma und Opa sind, geht es natürlich darum, die Familienerzählung zu überprüfen. Sind wir noch wie immer? Streiten wir uns noch? Sind wir nicht vielleicht schon tot?

Ich erinnere mich an die Weihnachtskarten, die meine Mutter verschickte. Die ganze Familie vor dem geschmückten Tannenbaum, im Musikzimmer oder im Garten, das lichterfüllte Haus im Hintergrund, wir, die Kinder, auf einem Schlitten, mit einer Blockflöte im Mund oder vierhändig am Klavier. Die schöne Familienlüge, zu Weihnachten in alle Welt verschickt.

Enkelkind

Sie hat geschrien, sagt die Freundin, sie hat so laut geschrien, wie sie konnte, ich habe sie noch nie so laut schreien hören, sie wolle ein Enkelkind, sie wolle jetzt endlich, sofort ein Enkelkind, sie hat ins Telefon gebrüllt, so laut sie konnte. Und ich habe gedacht, sie spinnt. Sie weiß einfach nicht wohin mit ihrer überschüssigen Energie.

Ist es das, was die eigenen Eltern eines Tages zurückhaben wollen? Ein Enkelkind?

Vielleicht wollen sie einfach Beweise sehen. Wollen sehen, daß ihre Mühe, ihre Fürsorge, ihre Erziehung, all das, was, wenn es auch nie so deutlich ausgesprochen wird, auf Fortsetzung abzielt, nicht umsonst gewesen ist. Sie wollen wahrscheinlich bloß sehen, daß ihnen die Verlängerung gelungen ist. Sicher sein, daß es weitergeht.

Mein Vater, sagt eine andere Freundin, versteht es nicht. Er unterschreibt seine Postkarten mit Papa und vergißt die Grüße an das Kind, schreibt die Karten, als wäre ich das Kind und nicht die Mutter. Er kann mich gar nicht anders denken als das Kind, das ich immer war und für ihn wahrscheinlich immer bleibe. Seinem Enkelkind sage ich, lüge ich vor, sein Großvater hätte geschrieben. Die Grüße erfinde ich dazu.

Manchmal rufe ich meinen Vater an und bemerke, wie überrascht, fast verwundert er wirkt, als wollte er fragen, warum ich ihn denn anrufe, wo er mich doch gleich, nachher, zu Hause, beim Abendbrot sehe. Und erst nachdem er sich eine, vielleicht sogar zwei Minuten in dieses sein inneres, in Öl gemaltes Familienbild versenkt hat, auf dem alle seine Kinder um den Tisch im Eßzimmer sitzen und durcheinanderreden, weil jeder irgend etwas erzählen, loswerden, berichten möchte – in seinem Traum, so habe ich das immer verstanden, sind wir die große, offene Familie, in der jeder mit jedem spricht –, fällt ihm ein, daß meine Geschwister und ich schon lange nicht mehr in seinem Haus wohnen, erst nach ausgiebiger Betrachtung seines Familienporträts fällt ihm ein, daß ich vor bald zwanzig Jahren ausgezogen bin.

Nur geliehen

Seit das Kind da ist, seit ich selbst der Vater bin, interessiere ich mich nicht mehr so für meine Eltern. Die Geschichte mit meinen Eltern ist nicht mehr die wichtigste Geschichte der Welt. Ich habe jetzt eine eigene Firma. Es reicht aus, die Tänze umeinander anzudeuten, es wird nicht mehr gekämpft. Ich weiß ja, auf lange Sicht gewinne ich. Es reicht mir, meinen Vater hin und wieder Opa zu nennen, auch wenn ich schon weiß, eines Tages bekomme ich das alles zurück. Einmal, aber da will es die neuen Wörter ausprobieren, sagt das Kind schon, Papa ist blöd, Mama ist Scheiße.

Ich weiß schon, man hat sein Kind sowieso nur geliehen. Ein paar Jahre, dann findet es einen sowieso peinlich. Hat man Glück, kann man sich nach dieser Phase wieder anfreunden.

Kinderrolle

Das Kind tut uns den Gefallen. Und tut eine Weile widerstandslos so, als sei es ein Kind. Es spielt seine Kinderrolle, die meiste Zeit ziemlich gut. Und wird dafür belohnt.

Nach und nach lernt das Kind, ein Kind zu sein. Lernt, daß es Kinderteller, Kinderbetten, Kindersitze, Kinderbücher, Kinderfahrräder und Kindergärten gibt. Lernt, daß es für Kinder fast alles gibt.

Und lernt, sich zu verstellen. Tut seinen Eltern den Gefallen. Lernt, nicht mehr überall das Offensichtliche, nicht überall die Wahrheit zu sagen. Lernt, diplomatisch, lernt, freundlich zu sein. Übt die Verstellung.

Auf der Welt zu sein muß man ja erst mal lernen. Ich hab mich, so kommt es mir manchmal vor, noch immer nicht so ganz daran gewöhnt.

Das Kind spielt seine Kinderrolle, das Kind ist ein Söldner seiner Eltern, ein paar Jahre lang. Festes Engagement an diesem Theater. Könnte aber auch, wie noch vor kurzem, zu anderen Zeiten oder heute auf anderen Kontinenten, gleich die Rolle des kleinen Erwachsenen lernen.

Kommt sie aus dem Kindergarten, rennt sie auf mich zu, breitet ihre Arme aus, freut sich und lacht, gibt die

Schüchterne und wechselt bald in den Widerstandsmodus. Noch sind die Übergänge zwischen ihren Schauspielmodi zu sehen. Mit der Zeit und zunehmender Raffinesse wird das nicht mehr der Fall sein, die Sichtbarkeit der Schauspielerei wird verschwinden. Und später, viel später, wird sie selbst nicht mehr wissen, ob sie gerade spielt oder echt ist. Am Ende, ich weiß das, spielt man auch sein Echtsein.

Jede ihrer Handbewegungen, jede Geste hat etwas Theatralisch-Überbetontes, Theaterhaftes – als bestünde das Leben des Kindes aus der Vorführung seines Kindseins. Jede Bewegung scheint zu sagen, Ich führe euch vor, was ihr sehen wollt, was ihr unbedingt an und in mir sehen wollt, bitte, bitte schön, schaut her.

Jede Bewegung des Kindes erfolgt mit absolut überzeugter Kindersicherheit. Jeder Schritt sagt, Schau, ich habe laufen gelernt, mir gehört die Welt. Mama ist da. Papa ist da, ich bin mir sicher, denn Verunsicherung habt ihr mir noch keine beigebracht. Noch ist alles entweder richtig oder falsch, gut oder böse, oben oder unten, schwarz oder weiß. Zweifel und Zwischentöne kommen später.

Jede Haarbewegung, jede Geste, jede Gebärde wirkt, als sei sie eben erst eingeübt worden. Alles noch frisch. Eben erst gestrichen.

Die ist nur für Kinder, sagt das Kind, als ich aus seiner Tasse trinke.

Du darfst

Hast du mit meiner Eisenbahn gespielt? fragt das Kind, als es aus dem Kindergarten nach Hause kommt. Hast du mit meinem Puzzle gepuzzelt? Von meinem Tellerchen gegessen? In meinem Bettchen geschlafen? Meine Beteuerungen, nichts dergleichen getan zu haben, räumen ihren Zwergenverdacht nicht endgültig, nicht wirklich aus. Dabei ist ihr Bett doch unberührt.

Papa, du darfst meine Tasse benutzen, wenn ich nicht da bin. Darfst du. Und du darfst mit meinen Sachen spielen, wenn ich nicht da bin. Wie großzügig das Kind doch sein kann.

Bauchweh

Das juckt, ich hab' Bauchweh, sagt das Kind. Und mir fällt ein, wie ich bei meiner Tante neben dem Küchentisch auf dem Hocker lag, in der Altbauwohnung, vor der ich Angst hatte, weil die Badewanne Drachenfüße hatte und in der Kochmaschine in der Küche, aber das gefiel mir, ein Feuer brannte und im Treppenhaus am Ende des hölzernen Handlaufs des Geländers ein geschnitzter Mann, meine Tante sagte, Ein Jugendstilneger, kauerte.

Nur noch ein bißchen Bauchweh. Hab nur noch ein bißchen Bauchweh, sagt das Kind, als es einen Lutscher möchte. Und dann, spontane Wunderheilung, ist es ganz verschwunden. Das Kind lacht.

Kinder sind den ganzen Tag lang Schauspieler. Spielen uns, solange sie wach sind, das Kindsein vor. Die Rolle, die wir für sie erfunden haben. Bis sie eines Tages, meist früher als uns lieb ist, ihre eigene Rolle finden.

Ich kann nicht mehr laufen, sagt das Kind, hab' Bauchweh, bin müde.

Das Kind kann immer übertreiben. Das Kind beherrscht die Übertreibungskunst, ist hauptberuflich Übertreibungskünstlerin. Es übt hier jeden Tag.

Ich erinnere mich, wie dumm, wie dämlich, ja verachtenswert ich die schlechte Schauspielerei meines Vaters fand. Ihm war immer anzumerken, wie er, als Schauspieler völlig unbegabt, sich zu verstellen mühte. So vergeblich. Manchmal machte gerade das ihn zu einem sympathischen, weil fast immer ehrlichen Menschen. Zu einem, dem die große Verstellung eben nicht gelang. Er hatte immer das aufgeschlagene Buch im Gesicht, große Schrift, ganz leicht lesbar.

Du bist böse, sagt das Kind zu dem Mann, den es gar nicht kennt, dem Vorabendmoderator, der gewohnt ist, daß ihm alle schmeicheln.

Die Kleiderbügel

Ihr sei die Hand ausgerutscht, sagt eine Bekannte, im eigentlichen, nicht im übertragenen Sinne, als ich mich über den großen blauen Fleck, einen Bluterguß, an ihrem Puls wundere. Ihr sei, sagt sie, die Hand ausgerutscht, als sie versucht habe, ihr Kind zu schlagen. Leider, vielleicht auch zum Glück, habe sie nur die Badewannenarmatur getroffen und im ersten Augenblick gedacht, sie hätte sich die Hand gebrochen. Das Kind habe gelacht, dann aber, als es bemerkt habe, wie weh seine Mutter sich getan hatte und daß es gar kein Spiel sein sollte, fürchterlich angefangen zu heulen, so, als hätte es den Schlag, auch wenn es gar nicht getroffen worden war, trotzdem gespürt.

Es war nur eine Bemerkung, die meine Mutter nebenbei fallenließ, aber ich habe sie behalten und oft, wenn leere Kleiderbügel, die in einem Schrank über einer Stange hängen, aneinanderstoßen und ihr erst klackerndes, dann singendes, nachschwingendes Geräusch von sich geben, fällt mir wieder ein, daß sie gesagt hat, Frau Falkenhain verprügele ihre Kinder mit Kleiderbügeln – was mir damals schon, bilde ich mir ein, unmöglich, ungeheuer, ja unglaublich erschien. Das konnte doch nicht sein, dachte ich und hörte in meiner Vorstellung einen hölzernen Kleiderbügel zersplittern. Die in meinem Schrank betrachtete ich von da an mit Furcht, ja, ich betrachtete sie wie die Instrumente, die mir nicht bloß einmal gezeigt und dann wieder verstaut worden waren, sondern mich nun, da ich wußte, wozu sie auch verwendet werden konnten, jeden Morgen, wenn ich einen Pullover, eine frische Hose oder nur ein Unterhemd aus dem Schrank nahm, grüßten. Sie hingen da, ganz entspannt, hielten die Hosen und Hemden, stießen aneinander, machten beim Hin- und Herschieben über die Kleiderstange ihr Geräusch und taten dabei, als wüßten sie nichts von ihrer anderen Bestimmung.

Sehnsucht

Manchmal, sagt sie, hat er noch heute, nach fast vierzig Jahren, unglaubliche Sehnsucht nach seiner Mutter, auf eine so unstillbare Art und Weise – an manchen Tagen, sagt sie, kommt er aus dieser Sehnsucht gar nicht heraus, die hänge dann wie eine Wolke, eine Nebelbank, wie ein kleines privates Wetter um ihn herum.

Das Schnickerhöschen

Bitte, leg mich übers Knie, sagt das Kind. Was eine Drohung sein sollte, ist ihm zum Versprechen geworden. Es sagt, Bitte, bitte, übers Knie, weil ich es immer nur spaßhaft angedeutet habe. Das Kind hält es für ein Spiel. Angst hat es keine. Das Kind hat nicht einmal Angst, ich könnte ihm den Hintern versohlen.

Ich erinnere mich an die vielversprechende Drohung meines Vaters, mich zu schnicken. Ich wußte überhaupt nicht, was das bedeuten sollte, auch seine Drohung hatte etwas von einem Versprechen, seine Drohung war eine Verheißung.

Wirksam war es, weil ich es nie gesehen habe. Das Schnickerhöschen war ganz und gar aus Drohung gewirkt, so dicht, daß mir die Lächerlichkeit dieses Worts gar nicht auffiel. Wirksam war seine Unsichtbarkeit. Daß ich es nie gesehen hatte, machte es so gefährlich, ich wußte ja nicht einmal, ob es wirklich existierte. Nur vom Wort, vom Namen her dachte ich es mir als eine hellblaue Badehose, der jedoch unmißverständlich anzusehen war, daß sie nicht zum Baden, sondern zur Züchtigung maßgeschneidert war. Die Drohung, es zu sehen zu bekommen, die Ankündigung, es gleich anziehen zu müssen, reichte aus, um mich einzuschüchtern. Oder war ich, ganz im Gegenteil, darauf aus, es endlich einmal zu sehen? Wollte ich nicht wissen, ob es das Schnickerhöschen überhaupt gab? Legte ich es nicht darauf an?

Schnicken, im nachhinein eine Enttäuschung, hat nie stattgefunden. Nie bin ich geschnickt worden. Wußte ich, daß es sich um eine leere Drohung handelte? Und wenn, wann hatte ich zum ersten Mal den Verdacht?

Wann wußte ich, daß es gar kein Schnickerhöschen gab?

Bohren

Bohren, bitte bohren, Papa, sagt das Kind. Jetzt kommt der Zwillingsbohrkopf, sage ich, hier wird nach Öl gebohrt, hier liegt das Bohrfeld, Probebohrung, eine Sonde bitte! Und das Kind sagt, Weiter, bitte weiter, Papa, bitte bohren.

Mein Vater brachte von jeder Dienstreise neue Bohrer mit, Bohrer, von denen er behauptete, sie hätten einen mit Industriediamanten besetzten Bohrkopf aus kohlenstoffgehärtetem Spezialstahl, in Bergwerken in Südafrika, auf Ölbohrinseln im Maracaibosee und im sibirischen Permafrost erprobt. Er zeigte seine Faust und die Fingerknöchelhöcker, die angeblich diamantenbesetzte Bohrspitze, und fing an, sie zwischen meinem Kinn und meiner Brust zu drehen, versuchte, was ich um jeden Preis, zur Not mir Tritten und Schlägen, zu verhindern suchte, sich bis zu meinem Hals durchzubohren. Dabei mußte ich immer so sehr lachen, ich dachte, ich müßte sterben.

Eines Sonntagmorgens, als ich mit meinem Vater kämpfte, krachte das Ehebett auseinander. Tags darauf, nachmittags, meine Eltern hatten schon eine Nacht auf dem nun nicht mehr im Bettgestell hängenden, sondern auf dem Boden liegenden Doppel-Lattenrost verbracht, kam der Schreiner, der es reparieren sollte. Meine Mutter erklärte, ihr Mann habe mit mir gekämpft, geriet aber bei ihrer Erklärung, ich bemerkte das, in eine sonderbare Verlegenheit, die ich mir nicht erklären konnte. Sie log ja nicht, wie ich wußte, sie sagte doch die Wahrheit, ich war es ja gewesen, der sich, während mein Vater seinen Bohrer ansetzte, den er aus Frankreich mitgebracht haben wollte, so gegen die Verkeilung des Bettrahmens gestemmt hatte, daß dieser aus seiner Verankerung gezogen wurde und der Lattenrost seine Auflage verlor. Ich verstand nicht, warum meine Mutter, so kannte ich sie gar nicht, verlegen war.

Noch heute habe ich hin und wieder Lust, zurückzubohren, mich zu ihm durchzubohren, ihn zu durchbohren, zu kitzeln, ein wenig zu quälen. Heute, stelle ich mir vor, wäre es ganz leicht, seine Verletzlichkeit zu prüfen, ihn zusammenzucken zu sehen, zu besiegen und schließlich wimmern zu hören. Aber ich will ihm ja gar nicht mehr weh tun.

Nicht, Papa, nicht bohren, sagt das Kind. Eine Hand ist doch kein Bohrer.

Bei deiner Geburt

Bei deiner Geburt, mußte meine Mutter nur sagen, und ich hörte schon das Heulen und Kreischen des Bohrers aus diesem Satz, ich brachte das Geborenwerden immer mit einem Bohrer in Verbindung. Die Wendung *bei deiner Geburt* verunsicherte mich, ich hatte große Scheu, mir meine Geburt vorzustellen. Ich wollte lieber nicht geboren worden sein.

Kommt das Kind beim Bauch raus? fragt das Kind, geht der Bauch auf? Kommt da das Baby raus? Wird der Bauch aufgeschnitten? Ist da auch Essen drin? Oder nur das Baby?

Das Kind, sage ich zum Kind, wird mit einem Bohrer herausgeholt, der Arzt nimmt den Bohrer, bohrt ein Loch in den Bauch und greift sich das Baby. Das Kind will das allerdings nicht glauben. Stimmt das, Papa? Stimmt das?

Dann bildete ich mir jahrelang ein, mich an meine Geburt zu erinnern, bildete mir ein, noch zu wissen, wie ich mich herausgearbeitet hatte aus dieser sonderbaren, engen Weichheit. War das eine apokryphe Erinnerung? Oder doch eine echte? Ich zweifelte nicht, ich bildete mir ein, mich an die Verkrampfung, das Zusammenziehen der Haut, die Stauchung zu erinnern, mein Kopf, dachte ich, mein Schädel erinnert sich an den großen Druck – erst später habe ich erfahren, mein

Vater hatte mir das nie gesagt, daß ich durch einen Kaiserschnitt zur Welt gekommen bin.

Strumpf

Das Kind spricht alles nach, das Kind zeichnet auf, sein Tonband läuft mit. Das Kind ahmt Intonationen nach. Sammelt Daten, lernt auswendig, weiß aber nicht immer, nicht unbedingt, etwas damit anzufangen. Das Kind könnte gleich noch eine Sprache lernen.

Das Kind ist vom Himmel gefallen und spricht alles nach. So wie der Außerirdische, das Wesen von einem anderen Stern in dem Film von John Carpenter*, das in den Körper eines Toten schlüpft, den es sich aus der DNA eines im Fotoalbum einer Witwe gefundenen Haarbüschels synthetisiert. Dieser Außerirdische lernt alles im Schnelldurchlauf. Schaut zu, lauscht und speichert ab. Viele Dinge nimmt er, so wie ein Kind, viel zu wörtlich. So schnell lernt er kein uneigentliches Sprechen, behält dafür aber Dinge, die wir gar nicht mehr bemerken. Jeden Satz, jede Intonation. Jede Geste, jeden Ausdruck, jedes Wort.

Als Kind konnte ich mir nicht vorstellen, daß Kinder eine andere Sprache als Deutsch lernen könnten. An-

* *Starman*, 1984

dererseits kommt es mir mehr und mehr so vor, als könnte man diese sonderbare Sprache tatsächlich nur lernen, solange man noch nicht über sie nachdenken kann. Über Wörter wie das zischende Wort *Strumpf* zum Beispiel, das Wort, das zwischen so vielen Mitlauten nur einen einzigen, kurzen, geschlossenen, gut konsonantverpackten Selbstlaut hat. Eingepackt wie ein Fuß, der in sechs Socken steckt.

Manchmal bejaht das Kind die Frage, ob es eine Sache wisse, geht es aber um die Spezifizierung der Antwort, zögert es, zeigt Unmut, ärgert sich, daß es nicht formulieren, sagen kann, was es doch zu wissen glaubt – ein Moment, der mich an die Fremdsprachenfrustration in nicht beherrschten Sprachen erinnert, wenn ich etwas sagen möchte, aber nicht so recht formulieren kann, jedenfalls nicht so, wie ich möchte. Das Kind, sie weiß, daß sie sich auf mich verlassen kann, sagt dann, Sag du, Papa. Ich gebe eine Antwort, und sie ist zufrieden, mehr oder weniger. Manchmal auch nicht.

Oft aber behauptet das Kind auch einfach, etwas zu wissen. Und weiß es eben nicht. Es hat das Schwindeln schon gelernt.

Eigentlich möchte ich jetzt ein Eis, sagt das Kind, und ihr *eigentlich*, das sie mir abgelauscht hat, spricht schon von der Ahnung, daß dieser Wunsch trotz seiner Heftigkeit unerfüllt bleiben könnte.

Pantoffel

Die Hausschuhe ziehe ich nicht an, sagt das Kind. Dann zieh die Pantoffeln an. – Okay, ja, okay. Der Name einer Sache entscheidet über die Eigenschaften der Sache. Hausschuhe kratzen, Pantoffeln aber waffeln und kuscheln sich ganz weich an die Füße.

Krokus

Da wächst ein Pokus, sagt das Kind. – Das heißt Krokus. Nein, Pokus.

Hokus, Pokus, Globus, Klokuß, sagt das Kind und lacht und sagt Kullover. Ke, ke, ke, Kullover. Ich sage, Nein, Pullover, p, p, p, Pullover. Und sie sagt, Nein, Kullover, weil sie recht behalten will. Kürche, korrigiert sie mich später, Kürche, nicht Kirche. Und ich stimme das Besserwisserlied an: Ich aber weiß es besser, ich aber weiß es besser, fiel gleich der Esel ein. – Selber Besserwisser, selber, selber, sagen alle Kälber, du alte blöde Kuh.

Du bist ein Ravioli, sagt das Kind zu dem Kissen mit gezacktem Rand. Und als ich mir das Kissen mit Spitzenbordüre genauer ansehe, finde ich, das Kind hat recht. Sein Urteil ist auf poetische Weise konkret. Das Kissen ist ein Riesen-Ravioli.

Eine Pfütze ist eine große Pizza, sagt das Kind, lange vor seinem dritten Geburtstag. Als ich sie ein halbes Jahr später daran erinnere, sagt sie, So ein Quatsch, eine Pfütze ist doch keine Pizza.

Bevor sie anfangen, sich zu unterscheiden, hören fast alle Wörter sich gleich an, Kalender, Geländer, Pfirsich und für sich, Kirsche und Kirche – Aber das heißt doch Kürche, sagt das Kind.

Alles sieht allem ein wenig ähnlich. Und irgendwie hängt alles mit allem zusammen. Leider weiß ich nicht mehr wie. Leider habe ich vergessen, wie alles miteinander zusammenhängt.

Schippe

Das ist ein Spaten, sagt das Kind im Sandkasten, das ist eine Schaufel, das eine Schippe. Und gräbt so seinen Wortschatz aus, führt vor, zeigt seinen Hort an Worten.

Das Kind malt eine Sonne. Eine Wolke. Sagt, das sei ein Baum. Was sie malt, sieht aber nicht einmal von weitem, nicht im entferntesten danach aus. Aber wenn sie doch sagt, daß es ein Baum sei? Ist es nicht nur eine Abmachung?

Ich selbst weiß ja auch nicht so genau, was Wörter bedeuten. Vielleicht weiß ich es bloß, weil ich weiß, was sie nicht bedeuten. Manchmal, am Rand meiner eigenen Sprachkenntnis, hört die Sicherheit auf, stehe ich plötzlich auf weichem Boden, weiß nicht mehr, was das eine oder andere nun tatsächlich heißen soll, und sinke, Suppe, Sumpf, Strumpf.

Vielleicht weiß auch das Kind, was die Wörter bedeuten, nur, weil es weiß, was sie nicht bedeuten. Es schwimmt erst mal mit in der Sprache, die um uns fließt.

Als Kind hatte ich eine Zeitlang die Vorstellung, alles sei aus Wörtern gemacht, ich glaubte, die ganze Welt setze sich aus sehr klein geschriebenen Wörtern zusammen, die Wand, der Teppich, der Stuhl, jeder Quadratzentimeter meines Zimmers bestand aus Tausenden, unleserlich klein geschriebenen Wörtern, die Wand aus dem tausendfach geschriebenen Wort *Wand*, die Tapete aus dem fein geschwungenen, abertausendfach wiederholten Wort *Tapete*, und in der Nacht lag ich auf einem Kissen, dessen Bezug aus dem Wort *Kissenbezug* gewebt und dessen Plumeau tausendfach mit dem Wort *Kopfkissenfüllung* gestopft war. Oder doch mit Daunen?

Ich wußte nicht, wie viele Wörter ich in meinem Zimmer zusammenbringen könnte, ich sah und las *Bett, Wand, Schalter, Lampe, Glühfaden, Bilderrahmen*, ich lag auf der aus dem Wort *Matratze* gemachten Matratze, ich schloß die Augen und sah die Schatten, die Lampe, das Fenster, den Vorhang, das Fensterkreuz, den Lichtschein vom Flur, der aus dem Wort *Licht* bestand, und so weiter.

Bitte, eine Frage, sagt das Kind, was ist eine Schippe?

Höhere Mannigfaltigkeit

Das Kind legt Wörter auf jeden Gegenstand, das Kind hat bald für alles einen Namen.

Bleiben da nicht große Brachen? Ränder und Randstreifen ohne ein einziges Wort? Gebiete, für die es gar keine Wörter gibt? Auf denen noch gar keine Wörter liegen? Was wird mit den Zwischenräumen? Dem Unbenennbaren dazwischen? So dicht ich die Wörter auch lege, es bleiben doch immer Lücken. Und die leeren Felder werden, so kommt es mir vor, immer größer. Als dehne sich alles um mich herum aus und drifte unter meinen Füßen auseinander.

Die Fläche ist die Projektion der Kugeloberfläche, die Linie die der Fläche, der Punkt die der Linie. Nur in die andere Richtung setzt das keiner fort.

Der Text ist die höhere Mannigfaltigkeit um uns herum. Die Form, die Hülle, das Gewebe, das sich um die Gestalt, von der ich gar keine klare Vorstellung habe, legt.

Der Erwachsene, so scheint's, ist verpflichtet, die Welt zu verstehen. Er gibt sich alle Mühe, diesen Eindruck zu erwecken. Eigentlich dürfte kein Kind und auch sonst niemand ihm glauben, denn die Lücken werden mit der Zeit doch immer größer. Nie wieder war ich so schlau wie Anfang zwanzig.

Auf der Zunge

Zeig mal, sagt das Kind, ich soll ihm das Wort zeigen, das mir angeblich auf der Zunge liegt. Sie kann es, Sonderbar, sage ich, gar nicht sehen. Dabei spüre ich es ganz genau, ich kann es schmecken und jeden einzelnen Buchstaben fühlen. Ich kann es nur nicht sagen.

Das Wort auf der Zunge, so habe ich es mir immer gedacht, klein, weich, glitschig, wie aus gekochten Buchstabennudeln geschrieben.

Und ich erinnere mich, daß ich einmal vor dem getrockneten Sprechapparat des hl. Antonius in Padua gestanden habe, vor der Zunge, mit der er zu den Tieren gepredigt haben soll, angeblich, und wenn dem so war, wenn das stimmt, müßten die Wörter, ganz, ganz klein geschrieben, dann nicht noch auf dieser Zunge liegen? Sind die da nicht vielleicht noch zu sehen? Ihre Abdrücke?

Zum Abschied streckt das Kind mir gern die Zunge heraus. Sie meint das nicht als Liebesbeweis. Sie will mich einfach nicht mehr sehen.

Alte Menschen haben so viele Risse in der Zunge, weil sie schon so viele Wörter auf ihrer Zunge liegen hatten und haben liegenlassen. Oder weil sie viel zuviel geredet haben.

Zunge war das grausamste Essen. Ich sah die rohe Rindszunge auf dem Brett neben dem Herd, auf dem der Topf mit Wasser stand, in dem sie kochen sollte. Ich sah die Zunge und hatte Angst um meine eigene. Auf einmal lag meine eigene Zunge mir so breit und schwer wie sonst nie im Unterkiefer, ich hatte tatsächlich Angst, jemand könnte sie mir auf der Suche nach Fleisch aus dem Hals schneiden.

Immer ein komisches Gefühl, die eigene Zunge im Mund zu spüren, sich daran zu erinnern, daß da dieses bewegliche Stück Fleisch liegt.

Küsse

Küssen, sagt das Kind, kann sich nur, wer sich sehr gut versteht. Beim Küssen kommen die Wörter von einem Mund in den anderen, von einer Zunge auf die andere.

Daß ich seine Mutter küsse, gefällt dem Kind nicht. Es geht dazwischen, obgleich es mir, seinem Vater, doch erlaubt sein müßte, seine Mutter zu küssen.

Das Kind küßt mit ausgeprägten Küßgeräuschen, ihre Küsse sind solche, die fast ohne Lippenberührung, aber mit höchster Geräuschentwicklung geküßt werden, ja, das Geräusch, manchmal ein Schmatzen, scheint wichtiger als die Berührung selbst zu sein, der Kinderkuß ist vor allem Geräusch und weniger Berührung der Lippen oder gar die der ekligen Zunge in dem Mund gegenüber.

Luftkuß heißt der Kuß, der durch die Luft geküßt wird.

Böses Schaf

Aus dem Kindergarten bringt das Kind auch ganz harmlose Schimpfwörter mit. Scheibenkleister zum Beispiel habe ich lange nicht gehört. Wußte gar nicht, daß es dieses Wort noch gibt. Ich hatte gedacht, Scheibenkleister sei ausgestorben.

Scheißbums, sagt das Kind. Du bist eine freche Rübe, hau ab du blöde, alte Kuh, von dir will ich keinen Kuß.

Ich will aber allein da gehen, sagt das Kind und inszeniert seinen Widerstand. Verfolgt seinen eigenen Willen, stampft und trampelt und sagt, Und wenn ich das nicht will, dann will ich das nicht.

Manchmal bedauere ich, daß das Kind so gut sprechen gelernt hat. Seit es sprechen kann, kann es widersprechen. Gehen ihm die Argumente aus, brüllt es. Und ich kann ihm nicht mit Logik kommen. Das Kind begründet alles mit Selbstbegründung. Und wenn ich das nicht will, dann will ich das nicht.

Und dann, sagt das Kind, dann bin ich nicht mehr deine Freundin. Du bist ein böses Schaf.

Papa ist böse, Mama ist Scheiße, sagt das Kind, aber das sagt es ja wieder nur, um die Wörter zu probieren. Es probt schon mal den Widerstand, testet die Provokation, positioniert sich.

Sich streiten, das merke ich dann, dient dazu, einander über das eigene Befinden zu informieren. So ein Krach hält die Beziehung am Leben. Türenknallen gehört dazu, keine Familie ist eine Idylle.

Ich säg' dir den Kopf ab und reiß' dir den Arm ab, sagt das Kind. Dann aber, als sei ihm die Drastik seiner Ankündigung bewußt geworden, fragt es, leicht, aber nur leicht verunsichert, um Erlaubnis: Kann ich dir den Kopf abreißen? Darf ich dir den Arm absägen?

Ich habe, fällt mir ein, eine meiner Kindergärtnerinnen umbringen wollen. Zu diesem Zweck sammelte ich Vogelbeeren und weiße Knallerbsen, von denen es hieß, sie seien giftig. Ich trocknete sie in einer Tasse auf der Fensterbank in der Sonne und versuchte, sie zu einem Pulver zu zerstoßen, das ich dieser mir so verhaßten Kindergärtnerin – hieß sie Karin? Katrin? Krista? – in den Kaffee schütten wollte. Mein Anschlag ist dann aber nicht gelungen. Die Erzieherin hat überlebt.

Böses Schaf. Du bist ein böses Schaf, sagt das Kind. Nein, du bist ein liebes Schaf. Und du, was bist du? Ich bin eine Ente, sagt das Kind, Papa ist ein liebes Schaf, ich bin eine Ente.

Flecken

Ist doch nicht so schlimm, sagt das Kind, sind doch nur Sachen.

Flecken kommen so und so. Und auf einmal ist es mir egal, ob der Boden zerkratzt wird oder nicht. Kinder sind doch auch dazu da, all das, wovon man selbst sich nicht trennen kann, kaputtzumachen. Vielleicht ist das Kind ja Jung Siegfried, der ersehnte, befreiende Zerstörer. Komm, mach mir das mal kaputt. Befrei mich bitte. Befrei mich von all dem Zeug.

Manchmal spüre ich ganz genau, was ich vom Kind gelernt habe, sitze ich zum Beispiel im Auto und vor mir bewegt sich ein anderes Auto ruckelnd, nur sehr langsam vorwärts und ich will mich schon aufregen über diese Kriecherei, höre ich das Kind, höre ich seine Stimme, und ich spreche die Kinderstimme, die ich höre, einfach mit: Vielleicht ist das Auto kaputt. Ich muß nicht mehr denken, der Fahrer im Auto vor mir mache das absichtlich, ich muß nicht wütend werden, wieso, vielleicht ist das Auto bloß kaputt. Mein Wutanfall findet nicht statt.

Ist doch nicht so schlimm, sagt das Kind ganz gelassen. Ich lerne seine Gelassenheit.

Dicke Beine, Strubbelhaar

Ich will die da nicht mehr sehen, sagt das Kind und meint eine ältere Frau, die im Café am Nebentisch sitzt. Die Frau hat Strubbelhaare, sagt das Kind. Bei anderer Gelegenheit beschwert sie sich über einen beinah monströs dicken Jungen, der auch auf dem Spielplatz spielt. Ich habe Mitleid mit ihm, ohne Mitleid haben zu müssen, und versuche an ihm vorbeizulächeln, das Kind aber sagt, Ich will den dicken Jungen hier nicht sehen.

Du bist eine liebe Frau, sagt das Kind zu dem Mann mit Bart und fragt einen Polizisten, ob er eingekackert habe. Und stellt laut und für alle Umstehenden hörbar fest, daß eine Frau, die uns auf der Straße entgegenkommt, sehr dicke Beine habe.

Das Kind ist eben ehrlich. Es hat noch nicht gelernt, sich zu verstellen. Hat noch keine Verbergungsstrategie, keine sprachlichen Täuschungsmanöver, keine Verstellungskunst entwickelt. Das Kind, dafür wird es geliebt, kann alles sagen.

Schlingel

Meine Eltern hatten Wörter, die nur sie benutzten und die sie von ihren Eltern oder sonstwoher haben mußten. Mein Vater hatte sein Schnickerhöschen, meine Mutter sagte Schlingel. Meine Mutter sagte auch Boppes. Boppes bedeutete Hintern, konnte aber auch, was mich bald irritierte, ein Kosename sein.

Was war eigentlich ein Schlingel? Einer, der schlingeliert? Immer nur schlinken-schlanken geht? Einer, der sich aus der Schlinge zieht?

Als Kind wunderte ich mich, wenn Dinge, die bei uns soundso hießen, in anderen Familien ganz anders genannt wurden. Woher wußten die Dinge dann, daß sie gemeint waren? Und ich wunderte mich, daß Wörter wie Glotzophon oder Zornflakes anscheinend nur in unserem Haus in Gebrauch waren, Wörter, die meine

Schwester erfunden haben wollte, wie sie behauptete, und nicht schon immer dagewesen waren.

Angeben

Sie hat schon fünf Finger an die Hand auf dem Blatt gemalt, er ist als erster zum Nikolaus gerannt, das hat sie ganz allein gebastelt, sie kann schon ohne Stützräder fahren, sie kann auch schon lesen. Heißt es von den anderen Kindern. Das meine hat nur große Freude daran, Sachen, die andere gebaut oder gebastelt haben, kaputtzumachen. Wahrscheinlich wird es mal ein großer Despot, vielleicht sogar Diktator.

Sein Kind habe sich schon lesen beigebracht und er sei sicher, die Hochbegabung des eigenen Kindes entdeckt zu haben. Ich möchte das gar nicht, sagt eine Freundin. Ich leide doch so unter meiner eigenen.

Mein Vater war Testfahrer bei Matchbox, fällt mir ein. Und ich erinnere mich, wie zu Grundschulzeiten mit den eigenen Eltern angegeben wurde, mein Vater kann, mein Vater ist, mein Vater macht. Damals waren alle Eltern mindestens Helden und beinah Astronauten. Später dann die Enttäuschung. Mein Vater braucht zum Erdbeerpflücken eine Leiter? So toll ist das ja gar nicht. Übervater schrumpfte mit der Zeit zum Zwerg, auf das Format, das er in diesem Erdbeerwitz schon hatte.

Eltern geben an. Meine Tochter kann, mein Sohn hat. Fast alle Eltern hoffen, ja zählen darauf, daß ihre Kinder die eigene Mittelmäßigkeit übertreffen. Ich habe eigentlich bloß Angst davor.

Ich kaufe

Ich kaufe zwei Fahrradpuppensitze, Pixibücher, Buntstifte, Filzstifte, Malbücher, eine Kinderschere. Ich kaufe Kindersocken und einen Sonnenhut. Ich kaufe einen Anorak, ein Halstuch, eine Kindergartentasche, ein Kartenspiel, zwei Kinderteller und eine Sammeltasse. Ich kaufe Bettwäsche, ein Kinder-, dann ein Juniorbett. Einen Kinderwagen. Ich kaufe eine Puppe, Puppenkleider und Puppenwindeln. Ich kaufe einen Puppenwagen, Kinderwindeln, wieder einen Kinderwagen und noch einen Kinderwagen, einen Kinderkassettenrecorder, Stofftiere, Matchboxautos. Ich kaufe Brausestäbchen und Brausebärchen, ich kaufe Fruchtzwerge, weniger süß, Trinkpäckchen und Seifenblasen. Ich kaufe gern.

Da haben wir die Trinkflasche gekauft, sagt das Kind und zeigt aus der Straßenbahn auf ein Geschäft, Erinnerung ist Konsumerinnerung, Einkäufe kartographieren die Umgebung. Und das Kind erinnert sich noch nach Monaten an die Apotheke, in der es ein kleines, gelbes Kinderhandtuch geschenkt bekam, das dann ihr Kuscheltuch, ein kleiner, gelber Fetisch wurde.

Kaufen wir halt ein neues, sagt das Kind, als wir ausgerechnet dieses Tuch eines Tages im Freibad verlieren. Monate später, das Kind hat sein Tuch nie vermißt, sieht sie ein ähnliches, nur taschentuchgroßes Handtuch in einem Drogeriemarkt. Das Kuscheltuch ist wieder da. Der wundersame, gütige Kapitalismus hat es uns zurückgebracht. Hier läßt sich noch alles kaufen.

Kaufe ich Kindersachen, erinnere ich mich an meine Aufgabe. Ich habe eine Funktion. Ich sorge. Sonderbarerweise, das fällt mir auf, habe ich nun kaum noch Lust, Dinge für mich zu kaufen. Ich weiß schon lange, daß kein Einkauf mein Leben verändern kann.

Das Kind und ich gehen eine Hose kaufen. Wir kaufen Schuhe, Hausschuhe, Handschuhe, eine Mütze. Unterhosen, Unterhemden, einen neuen Badeanzug. Schwimmflügelchen. Haarspängchen. Eine Bürste, die nicht zieptt, einen neuen Wintermantel. Wieder eine Hose. Schuhe, Winterstiefel, Turnschuhe, ein Nachthemd, einen Schlafanzug, eine Sonnenbrille. Und so weiter. Wir kaufen ein.

In der blauen Cordhose mit aufgesticktem Pferdemotiv – die Hose, die das Kind, Pferde gehen immer, unbedingt haben wollte – befindet sich ein Etikett, auf dem *Made in Bangladesh* zu lesen ist. Ob auch dort, da, wo diese Hose genäht worden ist, Eltern samstags mit ihren Kindern einkaufen gehen? Oder müssen die Kinder dort auch am Samstag den Stoff für diese Kinderhosen färben, zuschneiden, nähen und die fertigen Hosen schließlich verpacken?

Samstags fuhr ich mit meinem Vater, wir beide auf Rollschuhen, auf Rollerskates, nicht Rollerblades, in die Stadt und auf den Markt. Mein Vater trug seinen Bundeswehrparka und eine Schultertasche, ich eine Steppweste und einen Rucksack.

Neue Sandalen

Seine neuen Sandalen, dunkelblau, mit je einem Gänseblümchen vorne links und rechts, nimmt das Kind abends mit ins Bett. Nachdem sie die Sandalen zum ersten Mal getragen hat, beschwert sie sich, sagt, Die sind schmutzig. – Ja, das ist bei Schuhen eben so. – Ich will nicht, daß die schmutzig sind. Kannst du die waschen?

Und mir fällt ein, daß auch ich schöne neue Sachen am liebsten mit ins Bett genommen habe oder neue Sachen beim Einschlafen immer so hingelegt habe, daß ich sie morgens, wenn ich aufwachte, als erstes sah.

Das Springseil

Ich will nur ein Springseil kaufen, die Verkäuferin im Spielwarenladen zeigt mir dann aber nicht bloß eins mit Handstücken aus grünem Plastik, sondern auch eine sogenannte Hüpfmöhre mit Holzgriffen in Form und in der Farbe einer Möhre, das Seil aus Naturhanf. Viereinhalbmal so teuer wie das im Vergleich billig wirkende Kunstfaserspringseil mit Hohlplastikgriffen. Dennoch fange ich gleich an, die verlogene Gutgemeintheit dieser Hüpfmöhre – was ist das überhaupt für ein bescheuertes Wort? – zu hassen, so sehr, daß ich plötzlich alle Hüpfmöhren und alle anderen, in Recyclingkartons verpackten Holzspielzeuge zu einem großen Holzspielscheiterhaufen auftürmen und hier, in diesem Spielzeuggeschäft im Tiefgeschoß eines Einkaufszentrums, anzünden möchte. Zur besseren Raucherzeugung könnte ich nach und nach Nuckel aus Naturkautschuk und Stofftiere mit Biostrohfüllung hinzugeben.

Ein paar Tage später sehe ich ein Kinderbild, ein kleiner Junge, drei Jahre alt, der Bauch steht ein wenig vor, sitzt auf einer Wiese, vor ihm im Gras ein Springseil mit Holzgriffen und aus Hanf. Der Junge bin ich.

Die Westernstadt

Die Spielzeug-Westernstadt bestand aus fünf oder sechs Häusern. Ich erinnere mich an ein zweistöckiges Hotel, einen Saloon mit Schwingtüren, eine Post und ein Gebäude, das dem Sheriff als Büro dienen sollte und gleichzeitig Gefängnis war. Die aus schmalen, dunkel gebeizten Rundhölzchen und Sperrholz zusammengeleimte Stadt wirkte nie so echt und überzeugend, und nie war das Spiel mit ihr so aufregend wie in dem Augenblick, als ich sie beim größten und zugleich letzten Indianerangriff – ich hatte sie im Garten auf dem Rasen aufgebaut – Feuer fangen und dann vollständig abbrennen ließ. Die Plastikcowboys, die sich auf dem Flachdach des Gefängnisses verschanzt hatten, verteidigten sich bis zur letzten Patrone und schmolzen dahin. Von meiner Westernstadt blieb, wie in den Filmen, die ich manchmal im Fernsehen sah, nur Asche.

Stofftiere

Es gibt den Frosch. Es gibt Mausi, den Bären, und Rudi, die Hampelmann-Spieluhr, einen Hund und einen Teddy, die beide Teddy heißen. Es gibt aber auch einen Teddy, der Bär heißt. Es gibt Pip Pip, den Vogel. Manchmal heißt es jedoch, Pip Pip sei eine Schildkröte. Oder eine Ente. Und es gibt das Monster, das grüne Monster, das eine orangefarbene Bauarbeiterweste trägt, es liegt immer beim Spielzeug, bei den Bauklötzen, nie bei den anderen Stofftieren. Das Monster darf nicht mit ins Bett, sagt das Kind. So seine Regel.

Das Stofftier, das ich für einen Vogel, manchmal für eine Ente, sie aber auch für eine Schildkröte hält, heißt eine Zeitlang Maisy. Dann wieder Daisy, dann Gustav. Daisy ist krank, sagt das Kind, und Donald hat Durchfall.

Meine Tieranstalt, sagt das Kind zu seiner Stofftiersammlung neben dem Bett, dreißig Zentimeter bis zur Wand, ein Spalt, mit Stofftieren gefüllt.

Und mir fällt ein, daß wir einmal, früh am Morgen, zu viert und ziemlich betrunken in Dirks Wohnung kamen und in seinem Bett, er spielte uns eine neue, noch unveröffentlichte Platte vor, fünf oder sechs Stofftiere fanden. Zwei davon waren kleine japanische Katzen, die mit dem Kopf wackeln konnten, ihre grünen Augen leuchteten dabei auf und sie fauchten. Als ich, wir waren alle eingeschlafen, wieder aufwachte, wünschten seine Stofftiere mir einen guten Morgen, dann führte er mit ihnen ein kleines Theaterstück auf.

Namen

Wie heißen deine Puppen? Edeka und Paprika? Heißt die Puppe vielleicht Erika? – Nein, E-de-ka. – Edika? – Nein, E-le-ka. – Elektra? Nein, E-de-ka. Eine Stunde später heißt die Puppe wieder Elika, am Abend Angelika. Dann heißt sie Lisa. – Lisa hieß aber doch die andere Puppe? – Jetzt ist aber das hier Lisa. – Und wie heißt die andere Puppe? Antonia Bolognese?

Matchbox

Auf dem kleinen Nachttisch neben ihrem Bett stehen immer Modellautos, ein Mercedes T in der Taxi-Ausführung, mit einer Heckklappe, die sich öffnen läßt, ein Polizeiporsche, ein kleiner Autokran, ein Bagger und ein roter VW Käfer.

Die Modellautos sind von Siku, nicht von Matchbox, und nun, erst jetzt, oder hatte ich das bloß vergessen, fällt mir auf, daß Matchbox ja auch das englische Wort für Streichholzschachtel ist. Bisher hatte ich das Wort immer nur in der einen, der Spielzeug-Tonart gehört, Matchbox war das große, hallende, vorschriftliche Kinderwort, das nur als Klang existierte und immer gleich das gerade ersehnte Modellauto evozierte. Nie kam meiner Kindervorstellung eine Streichholzschachtel dazwischen. Ich wußte wahrscheinlich nicht oder hatte, wenn es mir jemand gesagt hatte, gleich wieder vergessen, daß Matchbox ein englisches Wort war, ich hörte es nur als das Wort, das schon vorne, in seiner ersten Hälfte, vier schwarze Rädchen hatte, zwei oder vier Türen, eine lackierte Karosserie aus Blech und meist, wenn mit dem Auto schon zu oft im Sand gespielt worden war, matt zerkratzte Heck- und Windschutzscheiben.

Und auf einmal habe ich ein Gefühl wie manchmal in einem Traum, wenn ich zwischen zwei Straßen, die ich gut kenne, plötzlich eine Abkürzung entdecke, eine dritte Straße, ein Gäßchen, an dem ich anscheinend immer vorübergegangen bin. Warum, frage und wundere ich mich, warum habe ich diesen Weg nie bemerkt?

Schweinebaumeln

Wir spielen Fangen, aber ich darf sie nicht fangen. Wir spielen Verstecken, aber ich darf sie nicht finden. Wir spielen Krokodil, aber ich darf nicht beißen. Wir spielen Schwein und ich muß grunzen. Das Kind legt die Regeln, die Einschränkung und die Ausnahme fest.

Das Kind spielt Flugzeug, Auto und Schweinebaumeln, das kind spielt die Wörter, nicht selten besteht das Spiel eigentlich aus nichts anderem als dem sprachmagischen Spiel mit dem Klang der Wörter.

Ich habe, fällt mir ein, immer gern Karawane gespielt, obwohl ich gar nicht wußte, was eine Karawane war, ich kannte das Wort bloß von einer Hörspielkassette. Mir gefielen die drei A, besonders das letzte, langgezogene hinter dem weichen W. Aus Bauklötzen baute ich mir dann meine Karawane, eine Tempelanlage mit Kolonnaden, ein Haus mit vielen langen A.

Und ich erinnere mich, daß ich mich, kein Schweinebaumeln mehr, eines Tages nicht mehr an die Türklinken hängen durfte, weil sich, wie es hieß, die Türen davon senkten. Ungefähr zu dieser Zeit mußte ich auch aufhören, mich an den Hals meines Vaters zu hängen, das hieß, ich durfte mich nicht mehr mit gefalteten Händen an seinem Hals festhalten und hin- und herschwingen. Von da an schien er mir schon weniger groß und weniger stark zu sein. Nicht mehr ganz so riesig.

Das Kind will mich tragen. Das Kind trägt mich ein Stück. Ach, das tut gut, sage ich und das Kind antwortet, Ich kann dich aber nicht so weit tragen. Und jetzt bist du wieder der Papa. So beendet das Kind sein Umkehrspiel.

Puppenwindel

Noch mal, sagt das Kind. Wieder und wieder. Noch mal. Noch einmal. Noch mal. Und noch mal. Immer wieder muß ich an der im Spiel gefüllten Puppenwindel riechen und so tun, als beschmierte ich mich dabei mit deren Inhalt. Immer wieder.

Todesspritze

Mein Vater und ich, sagt sie, wir haben oft mit Murmeln gespielt. Das hat uns, so habe ich das behalten, immer großen Spaß gemacht. Dann aber, Jahre später, verrät mein Vater mir, er habe mich immer gewinnen lassen, außerdem habe er gar nicht gern gespielt, ich hätte ihn bloß immer wieder gezwungen, Murmeln zu spielen. Dabei hatte ich gedacht, das mit den Murmeln, manchmal sagten wir auch Klicker, wäre unser Spiel gewesen.

Ich habe gern *Kirschen gegessen* gespielt. Da geht es darum, sich einen Ball zuzuwerfen und zu fangen. Wer ihn nicht fängt, hat Kirschen gegessen. Wer ihn zum zweiten Mal nicht fängt, hat Wasser getrunken. Dann kommt Bauchweh, dann Arzt, Krankenhaus, Intensivstation und zuletzt, die Grausamkeit ist mir als Kind nicht aufgefallen, die Todesspritze.

Das Wort Todesspritze begegnet mir dann in einer Fußnote eines Buches über die Volkswirtschaft des NS-Staates wieder. Da heißt es, im Rheinland habe man sich von verschwundenen Personen erzählt, sie hätten die Todesspritze bekommen.

Verstecken

Eckstein, Eckstein, alles muß versteckt sein, ruft das Kind und hat sich schon versteckt, dabei sollte sie doch, nachdem sie sich drei-, vier-, fünfmal versteckt hat, suchen.

Der Reiz, sich zu verstecken und sich suchen zu lassen, ist eben viel größer, als selbst auf die Suche gehen zu müssen. Ich erinnere mich an die leichte bis mittlere Beklemmung des plötzlichen Alleinseins nach dem Durchzählen bis fünfzig oder hundert und dem obligatorischen Eckstein, Eckstein, alles muß versteckt sein, hinter mir und vor mir, über mir und unter mir, ich komme. So oder so ähnlich, es gibt Varianten, lautete die Beschwörungsformel des Verschwindens. Wenn ich dann die bis dahin geschlossenen Augen öffnete, war ich, da war die Beklemmung, plötzlich allein. Allein im Versteck stellte diese Empfindung sich niemals ein, im Gegenteil, in einem guten Versteck fühlte ich mich sicher aufgehoben und geborgen.

Wir gehen an einem Erdaushub auf dem Bürgersteig vorbei und das Kind fragt: Ist Opa dadrin? Ist der da eingegraben?

Wir rennen um einen Baum herum, spielen Verschwinden und spielen mit der Angstlust des plötzlichen Verschwindens, spielen, fort- und wieder dazusein. Auf das Wiederauftauchen kann das Kind sich noch verlassen.

Das letzte Versteck wird das beste sein. Eines Tages werde ich nicht mehr hervorkommen, nicht mehr auftauchen, werde tot, gestorben sein und irgendwo in der Erde liegen. Im letzten, tiefsten, besten Versteck. Verstecken spielen übt das Nicht-mehr-dasein.

Kannst kommen! ruft das Kind mit großem, deutlichem Ausrufezeichen. Zwischen *kannst* und *kommen* geht seine Stimme fast eine Quinte hinauf.

Elterngewitter

Kein Wunder, daß Kinder sich gern verstecken. Eltern glotzen sie ja dauernd an. Ich erinnere mich an Sommerhäuschen aus Decken, Schnüren und Planen, die ich im Garten baute, um mich in ihnen zu verkriechen. Meine Schutzhütten vor dem Elterngewitter.

Eltern beobachten ihre Kinder. Was das Kind macht, was es sagt, was es spricht, welche Wörter es verwendet. Welche unglaubliche Beobachtungsenergie, was für ein Observationshunger, vierundzwanzig Stunden am Tag. Vielleicht ist es gerade der permanente Zufluß dieser Beobachtungsenergie, der Kinder zu den Schauspielern, Kleindarstellern, Kinderdarstellern werden läßt, als die sie sich uns so oft zeigen.

Den Blick, den meine Mutter auf mich geworfen hat, werfe ich nun auf das Kind. Ich bin die Linse, ich bin das Medium. Der Blick kommt von irgendwo früher und weit weg. Ganz weit weg.

Die Kinder führen einem das eigene Leben vor und lassen sich bewundern. Eltern schauen sie an und überwachen das Produkt der Reproduktion, freuen sich. Manchmal erkennen sie sich selbst in klein. Denken, ja, damit ist mein Leben wieder da. Denken, hier ist jetzt Wirklichkeit, eine, die lacht und weint und schreit und kleine Schaubilder des Lebens zeigt. Wirklichkeit, die gefüttert werden will. Echtes Leben. Ich fahre es im Kinderwagen spazieren.

Riech mal, sagt das Kind und hält mir seine Faust unter die Nase, riecht nach Friedhof. Die Faust ist noch sehr klein.

Fanta

Ein Freund erzählt, er habe seinen Vater zum ersten Mal in einer Pizzeria gesehen. Er war dreizehn und hatte seine vierte Fanta schon fast ausgetrunken und wunderte sich, daß seine Mutter ihn eine Fanta nach der anderen trinken ließ, wo sie ihm sonst doch höchstens zwei erlaubte, als ihm plötzlich klar wurde, daß der Mann, der bei ihnen am Tisch saß und eine Pizza mit Schinken aß, ein Mann, den er noch nie zuvor gesehen hatte, den seine Mutter ihm als Arbeitskollegen vorgestellt hatte, daß dieser Mann niemand anders als sein ihm bis dahin unbekannter leiblicher Vater sein konnte. Er sei sich dessen plötzlich so vollkommen sicher gewesen, so erleuchtet sicher, daß er sich gefragt habe, ob die vierte Fanta vielleicht ein Zaubertrank war, der ihm die Augen geöffnet hatte – bis er schließlich, er hielt es nicht länger aus, mitten in das Gespräch, das seine Mutter und der von ihr bis dahin nie auch nur erwähnte, angebliche Arbeitskollege führten, mit der Frage platzte, ob er sein leiblicher Vater sei.[*]

---

[*] vgl. Marc Degens: *Für mich*. Berlin: Sukultur 2004

Kopfhörer

Das Vatergefühl bestand darin, mit seinem Vater zusammenzusein, sich nichts zu sagen zu haben, auf eine geheimnisvolle Weise jedoch verbunden, ja angekettet zu sein. Wie ein Hund an einer dieser Leinen, die sich immer weiter aus- und auf Knopfdruck mittels Rückholfeder auch wieder einrollen lassen. Es bestand auch darin, Kopfhörer aufzuhaben und sich nichts sagen zu müssen. Oder zu sprechen, aber nichts zu sagen. Und dabei, die Enttäuschung mischt sich erst später mit hinein, immer noch das Gefühl, die Hoffnung, die irrige Überzeugung zu haben, dies sei ein einmaliges Verhältnis und er der beste Vater der Welt.

Kommt mir noch heute so vor, als sei ich eingestöpselt und angeschlossen, als lege er die Kassetten ein und überspiele mir sein Leben. Die große Oper mit Rezitativen, die Wochen dauern. Ich kann es nicht mehr hören, ich halte es nicht mehr aus. Dabei, ich weiß das, muß ich diese Kopfhörer für immer tragen.

Mein Vater trug den Walkman, so wie ich ein paar Jahre zuvor meine gelbe Kindergartentasche getragen hatte, umgehängt, vor der Brust, auf dem Nabel. Blieb er stehen – mein Kopfhörer steckte ja in der zweiten Buchse seines Walkmans –, mußte auch ich stehenbleiben. Ging er weiter, mußte auch ich weitergehen. Hatte ich einen kleinen Kiesel in der Sandale, mußte er auf mich warten. So marschierten wir, durch das Kopfhörerkabel miteinander verbunden, durch Italien, Sommer 1980. Die Menschen drehten sich nach uns um, entweder hatten sie noch nie einen Walkman gesehen oder sie wunderten sich über diesen Vater, der seinen Sohn an einer Leine spazierenführte, die ausgerechnet an dessen Ohren befestigt zu sein schien. Handelte es sich um ein medizinisches Gerät? War der Junge krank? War das, seiner Zeit voraus, ein sehr kleines Dialysegerät? Nein. Ich hatte nur einen zweiten Kopfhörer in die zweite Kopfhörerbuchse gesteckt und hörte mit, das Kabel hing wie eine dünne, noch nicht gekappte Nabelschnur zwischen uns. Vielleicht, fällt mir ein, drehten die Menschen, denen wir begegneten, sich aber auch bloß nach uns um, weil mein Vater die Angewohnheit hatte, was er auch hörte, Wagner, Schubert, Schumann, laut mitzusingen. Mich störte das nicht. Ich trug ja, vielleicht deshalb, einen Kopfhörer.

Luftwurzel

Und wo ist dein Papa? fragt das Kind. Und ich sage nicht, Hier, hier in mir drin, irgendwo in mir drin.

Und ich stelle mir vor, es gäbe auch heute eine unsichtbare Leitung, durch die je nach Bedarf Familienenergie an- oder abgesaugt würde, eine Übertragungsmöglichkeit, die in den Himmel und in die Unterwelt reichen müßte, eine Ahnenverkabelung mit einer unvorstellbaren Datenrate, eine Nabelschnur, durch die alles fließt, jede Information, alles, was wir brauchen. Natürlich, denke ich mir, müßte das längst drahtlos funktionieren. Körperhaare könnten als Luftwurzelantennen dienen, bei Gänsehaut müßte der Empfang am besten sein.

Zapfsäule

An der Tankstelle, die Zapfpistole in der Hand, fällt mir ein, daß meine Mutter nie getankt hat. Selbst ihr eigenes Auto hat immer mein Vater betankt, er fuhr es zur Tankstelle. Ich habe sie nicht ein einziges Mal tanken sehen.

Mama sitzt gar nicht mehr auf dem Fahrersitz, ich sitze da, fällt mir ein, ich fahre ja das Auto, ich sitze hinter dem Lenkrad, lenke, schalte, gebe Gas und bremse nicht.

Samstags fuhr Papa die leeren Weinflaschen zum Altglascontainer, ich half ihm, sie hineinzuwerfen, und hörte sie, ein Geräusch, das ich mochte, eine nach der anderen zerbrechen. Danach ging es meist zur Tankstelle, einmal volltanken, manchmal auch durch die Waschanlage. Mein Vater hat nie ein Wort gesagt. Lange Zeit dachte ich, er könnte vielleicht gar nicht reden, könnte vielleicht außer bitte oder danke gar nichts sagen. Seine Begrüßungen und Verabschiedungen bestanden immer bloß aus Bewegungen und Gesten, einem stärker oder schwächer ausgeprägten Kopfnicken oder einer zum Gruß gehobenen Hand. Näher als in der Waschanlage, wenn die große rotierende Bürste sich auf die Windschutzscheibe legte und das Seifenwasser das Glas mit seinem milchigen Film überzog, sind wir uns nie gewesen.

Hinter mir sitzt auf einmal das Kind und tritt gegen meinen Sitz und ich höre meinen Vater, nicht mich sagen: Tritt nicht gegen meinen Sitz, das stört beim Fahren. Das Kind tritt gegen die Rückenlehne, mich stört das eigentlich gar nicht, ich habe bloß, das war ein Reflex, gesagt, was mein Vater immer gesagt hat. Das Kind tritt wieder gegen die Rückenlehne und sagt, Schneller, Propeller, los, fahr schneller. Und ich gebe Gas.

Sie haben ihr Ziel erreicht (Verena erzählt)

Das neue Navigationssystem hat nur ein paar hundert Euro gekostet, sagt mein Vater, so preiswert ist so ein Gerät sonst gar nicht zu bekommen, das Ding kennt jede Nebenstraße und weiß immer, wo wir – ich weiß, ich müßte mich jetzt dafür interessieren, wie dieses Gerät funktioniert, wie es kommt, daß es uns mit einer weiblichen Stimme durch die Stadt lotst, und warum es so günstig war. Ich weiß schon, ich werde ihm den Gefallen tun und ihn fragen. Er möchte ja unbedingt erklären, erklärt hat er immer gern. Den ersten Videorecorder, *Betamax, hieß es, ist besser als Video 2000 und VHS*, den ersten CD-Spieler und den Videotext in der Austastlücke. Ich habe ihn immer reden hören. Er hat mich vom Flughafen abgeholt, Danke, Papa, und sitzt am Steuer. Wir gleiten über den Zubringer auf die Stadtautobahn und weiter auf den Ring, wir gleiten auf Asphalt, die Frau im Navigationsgerät hält einen Augenblick die Klappe. Ich stelle sie mir vor, verborgen in den Tiefen des Armaturenbretts, an einem kleinen Pult, eine winzige Frau, die Anweisungen von Zetteln abliest, als wäre sie eine Nachrichtensprecherin aus der Epoche des Fernsehens, die noch ohne Teleprompter auskommen mußte. *Und wie*, frage ich also, *wie funktioniert das, Papa?* Ich frage, als wäre ich noch das Kind, seine kleine Tochter, zu der ich neben ihm, ich kann nichts dagegen tun, immer werde. Ich frage, obwohl es mich gar nicht interessiert, ich muß das nicht unbedingt wissen, *Wie berechnet so ein Gerät unsere Position?*

Er bremst und beschleunigt im Rhythmus seiner Satzmelodie, das Gaspedal folgt seiner Erzählung. Die linke Hand hat er am Lenkrad, die rechte gestikuliert und zeichnet die Bahn von Satelliten im Himmel über uns nach. Auf deren Funksignale ist sein Navigationsgerät angewiesen, aus ihnen berechnet es seine Position. Ich kann, ich möchte ihm gar nicht folgen und müßte ihn unterbrechen, um zu fragen, Papa, wieso brauchst du, ausgerechnet du, ein Navigationsgerät? Du kennst doch den Weg, du weißt und wußtest doch immer, wo es langgeht, du weißt doch, wo du abbiegen mußt, und findest doch immer nach Hause. Kennst du nicht alle Straßen? Und wo willst du dich in dieser Stadt verfahren? Ja, natürlich kenne ich alle Straßen, müßte er sagen, aber stell dir vor, ich muß zu einem Kunden ins Umland. Oder ins Ausland. Nach Frankreich, in die Niederlande, nach Italien. Er findet eine Begründung, er findet immer eine oder erfindet eine. Er fährt ja zu keinen Kunden mehr, er hat gar keine mehr. Du fährst doch bloß spazieren, Papa, müßte ich sagen, du vergleichst die Angebote der Heimwerkermärkte und suchst in den Großhandlungen für Tierbedarf nach dem preiswertesten Hundefutter. Davon hast du mir beim letzten Besuch erzählt.

Das Navigationsgerät muß Signale von mindestens vier Satelliten empfangen, dann kann es aus der Laufzeit der Signale seinen Standort berechnen. Oder so ähnlich. *Zwanzig Satelliten gibt es insgesamt,* sagt mein Vater, Signale von vier Satelliten braucht das Gerät, um, so viel verstehe ich, aus den unterschiedlichen Laufzeiten seine eigene Position zu bestimmen. Durch Triangulation. Und was war das noch mal, Triangulation? Nein, sag mir nichts, habe ich in fünf Minuten sowieso wieder vergessen. Ich will es nicht wissen und will eigentlich auch nicht wissen müssen, wo ich mich befinde. Und ich will nicht dauernd gesagt bekommen, wo ich mich gerade wieder verlaufen oder verfahren habe. *Stell dir vor,* sagt mein Vater, und das Navigationsgerät redet nicht dazwischen, *früher hätte ich einen Sextanten, die genaue Uhrzeit und die Sonne gebraucht. Heute weiß das GPS jederzeit, jede Sekunde, wo wir sind, bis auf ein paar Meter genau* – und während ich ihn höre und nicht zuhöre, wundere ich mich wieder, wieso er, der doch nie den leisesten Zweifel aufkommen ließ, daß er und nur er alles wisse, wieso ausgerechnet er so ein Gerät braucht. Glaubst du dir selbst nicht mehr, Papa? Hast du deine Allwissenheit verloren? Ist die Kraft nicht mehr mit dir? Bist du denn nicht, das war mein kindliches Verständnis, dazu da, immer alles zu wissen? Du, gerade du läßt dir nun die Richtung von einer künstlichen Frauenstimme ansagen? In deinem Auto?

Ich höre ihn reden, reden, erzählen und höre die Klimaanlage rauschen, ich sitze im gekühlten Luftstrom, draußen schwitzt der Sommer, es ist ein Kalenderbildsommer. Ich habe Lust, die Scheibe herunterzulassen, aber ich weiß, daß es dann wieder heißt, Laß das Fenster bitte oben, die Klimaanlage arbeitet nur bei geschlossenen Fenstern. *Auf das Kartenmaterial kommt es an, das Kartenmaterial muß aktualisiert werden. Sonst weiß das Gerät eines Tages nicht mehr weiter und zeigt uns auf einer Wiese oder mitten in einem Fluß, bloß weil wir über eine Straße oder Brücke fahren, die auf der Karte nicht verzeichnet ist.* Ich höre hin und doch nicht zu, ich höre ihn reden und weiß, daß er mich nicht retten und ich ihn für kein Unglück verantwortlich machen kann. Und ich weiß auch, daß es unzulässig, ja lächerlich wäre zu glauben, er, Papa, mein Vater, sei an allem schuld. *Die Anzeige darf nicht zu unübersichtlich sein, auf die Vogelflugperspektive kann ich verzichten. Ich rolle ja hier unten, mir reicht die schematische Übersicht.* Seine sichersten Momente hatte er immer im Auto. Zu Hause hat, solange sie da war, Mama bestimmt, hat entschieden, wo und wie jedes Kissen liegen mußte und in welche Richtung die Teppichfransen gekämmt wurden. Zu Hause hat mein Vater sich nie so wohl gefühlt wie in seinem Wagen, seinem Panzer, seiner ledergepolsterten und mit poliertem Wurzelholz oder Wurzelholzimitat ausgekleideten, motorisierten Rüstung. Ohne seinen Wagen ist er ein Weichtier. Steigt er aus, wirkt er älter als am Steuer; älter und kleiner und gleichzeitig kindlich und verletzlich, wie ein aus seinem Gehäuse gepultes Krustentier. Mir kommt es vor, als hätte nur er sich verändert, als wäre nicht ich größer und älter und erwachsen geworden, sondern er bloß immer kleiner.

Ich sage *ja, aha* und gebe Anwesenheitslaute von mir, wie bei langen Telefongesprächen, bei denen ich nebenher ganz andere Dinge erledige, Staub wische zum Beispiel, aufräume oder heimlich, ohne daß der oder die am anderen Ende der Leitung das mitbekommt, auf die Toilette gehe. *Ist die Sitzheizung an?* fragt mein Vater, als ich mich, ich muß ihn unterbrechen, über meinen zu heißen Sitz beschwere. Er schaut auf die Knöpfe und Schalter seines Cockpits, dreht an einem Knauf in der Mittelkonsole und sagt, *Das war ein Versehen. Ich wollte die Klimaanlage höher stellen.* Hinter dem Fenster, das ich nicht hinunterlassen darf, sehe ich einen Baumarkt und seinen gigantischen Parkplatz und eine Großraumdiskothek, in der ich vor undenklichen Zeiten, das muß ein Leben hersein, ein paarmal gewesen bin. Damals hatte sie noch einen anderen Namen, aber der hat wahrscheinlich öfter gewechselt. Ich will meinem Vater etwas erzählen, ich wollte ihn auch etwas fragen, jetzt wäre eine Gelegenheit. Dummerweise fällt mir nicht ein, was es war.

Ich habe Kartenmaterial für siebenundzwanzig europäische Länder, sagt Papa, und ich frage nicht, Willst du die alle besuchen? Die kleinste tschechische oder baskische Landstraße kann auf dem Monitor seines Navigationsgeräts erscheinen, schwärmt er mir vor, und ich muß schon wieder daran denken, wie gern er immer alles erklärt hat. Er hat mir erklärt, wie Kassettenrecorder, Kernkraftwerke und Stirlingmotoren funktionieren, und ich habe das alles wieder vergessen. Ich wollte nicht Maschinenbau studieren, ich wollte keine Physikerin, nicht Marie Curie und auch kein Junge werden. Ich habe bloß, was blieb mir übrig, zugehört und dabei gelernt, so zu tun, als folgte ich all seinen Ausführungen sehr interessiert. Eine Fähigkeit, von der ich auch anderswo immer wieder profitiert habe. Von seiner Verlegenheit und Unsicherheit habe ich lange nichts bemerkt. Über Jahre hinweg habe ich nicht verstanden, daß er Angst hat, ich, seine Tochter, könnte ihn, ausgerechnet ihn, ihren Vater, nach ihrer Mutter fragen. Und auch heute kann er sich nicht sicher sein – deswegen ist er nervös und redet soviel –, ob er nicht einen Moment später durch eine Hand- oder Kopfbewegung meinerseits an meine Mutter, seine Frau erinnert wird. Lange habe ich nicht gewußt, lange war ich so unempfindlich, nicht zu bemerken, ja es nicht einmal für möglich zu halten, daß mein Vater sich vor mir fürchtet. Was er natürlich nie zugeben könnte.

Seit ich das Navigationsgerät habe, achte ich kaum noch auf den Weg, ich achte eigentlich nur noch auf die Stimme, nachher weiß ich oftgar nicht mehr, wie ich gefahren bin, sagt mein Vater, und mir gefällt der Gedanke, daß auch ich mit so einem Apparat viel verträumter fahren und mich mit meinem Auto verlieren könnte in einem akustischen Labyrinth aus links, geradeaus, in hundert Metern rechts, jetzt. Ich müßte den Weg gar nicht mehr wissen und nicht darauf achten, wohin ich lenke, das Gerät weiß ja immer Bescheid, kennt den Weg. Und dann überfällt mich plötzlich die Idee, mein Vater könnte dieses Gerät bloß installiert haben, um sich um jeden Zweifel und jede Unsicherheit herumdirigieren zu lassen. Vielleicht ist es ihm ja gelungen, diesen Apparat so zu programmieren, daß er ihn auf Schleichwegen um das große Loch zwischen uns herumführt, immer an seinen Rändern entlang, und daß dieses Ding, die Steuerung, ihn davor schützt, in diese tagebaugroße Grube hineinzufallen, in der ganze Dörfer und Kleinstädte unserer Erinnerung fortgebaggert, verschwunden sind. Ich weiß ja, daß da unten, am Boden dieser Grube, all das liegt, über das wir eigentlich sprechen müßten, all das, um das es eigentlich immer ging. Ich sollte ihn fragen, auf welche Ziele er sein Gerät programmieren kann. Einmal zu meiner Tochter bitte? Einmal um das große schwarze Loch herum? Einmal ganz nah ans Eingemachte heran? Immer knapp vorbei? Hin und wieder, mehr aus Unsicherheit denn absichtlich, ich kenne das schon, macht mein Vater unbeholfene Bemerkungen. Unvergessen seine gemeine Frage, ob ich mit diesen Beinen wirklich einen so kurzen Rock tragen könne. Regelmäßig, nur heute noch nicht, er steckt noch zu tief in seinem Navigationsgerät, erkundigt er sich auch, ob ich abgenommen hätte. Dabei weiß ich, daß er bloß hören möchte, wie dünn er geworden sei. Er möchte erzählen, daß er nur noch Gemüse und kein Brot mehr ißt und Kohlsuppe statt Fleisch und Mikrowellenkartoffeln und morgens nur noch Müsli.

Es warnt mich auch vor Geschwindigkeitsüberschreitungen und zeigt auf Autobahnabschnitten die jeweils gültige Höchstgeschwindigkeit an, sagt er von dem Ding, das kaum Aussetzer haben soll, seine Antenne hängt an einem Saugnapf unter der Windschutzscheibe. Die Stimme, die freundliche, klare, deutliche Stimme, die, so sagt er, immer zum richtigen Zeitpunkt kommt, meldet sich wieder und gibt ein Kommando. Mein Vater gehorcht und biegt ab. Er folgt ihr, ohne nachzudenken, er folgt der Stimme aufs Wort. Und ich wünschte, auch ich hätte eine so freundliche und dabei so wirksame Stimme, ich wünschte, auch ich könnte meinen Vater abbiegen lassen, wo es mir gefällt, und fahren lassen, wohin ich will. Mein Vater macht, was die Stimme ihm sagt, blinkt und biegt ab. *Das Gerät spricht viel deutlicher als deine Mutter,* sagt er, *auf das Gerät kann ich mich verlassen.* Mama konnte keine Karten lesen, ich weiß, das habe ich schon oft gehört. *In hundert Metern rechts,* säuselt die Stimme dazwischen, macht eine Pause und haucht, aber vielleicht bilde ich mir das Hauchen bloß ein, *jetzt*.

Per Knopfdruck kann mein Vater seine Nymphe Echo alles, alle Sätze noch einmal sagen lassen. Sie steckt in seinem Armaturenbrett, spricht mit ihm, sagt, was er hören will, und mir kommt es vor, als nähme er hin und wieder absichtlich den falschen Weg, bloß um sie noch mehr sagen zu hören, links, dann rechts, geradeaus. Ich glaube, er will sie zum Reden bringen. Was ich ihm sagen wollte, ist mir immer noch nicht eingefallen. Ich weiß das immer nur, wenn er nicht da ist.

Vielleicht ist die Frau aus dem Navigationsgerät die Frau, die zu ihm paßt. Eine, die klare Anweisungen gibt und ihn nicht mit ihren Gefühlen oder, noch schlimmer, Fragen nach seinen Gefühlen belästigt. Und auch sonst nicht weiter stört, zum Beispiel dadurch, daß sie tatsächlich neben ihm auf dem Beifahrersitz seines Autos sitzt, körperlich anwesend ist und womöglich an ein ihm unangenehmes Thema rührt. Sondern immer bloß sagt, und das sooft er es hören will, wo er sich einordnen muß und wie lange die Fahrt noch dauert. *Das Navigationsgerät*, sagt er, *hat nur ein paar hundert Euro gekostet, wieso soll ich zwei- oder dreitausend für ein ab Werk eingebautes System ausgeben?* Großartig, Papa, ein Schnäppchen, eine Okkasion, sage oder denke ich, er folgt der Stimme, biegt links ab und dann noch einmal rechts und statt, wie angekündigt und versprochen, auf dem Parkplatz des Klosters hoch über dem Seeufer stehen wir auf einer schlammigen Wiese zwischen Apfelbäumen, fast am Wasser. *Sie haben ihr Ziel erreicht,* sagt die Stimme. Ich glaube ihr nicht. Ich kann ihr nicht glauben, wir hätten irgend etwas erreicht.

Der Riese und sein Däumling

Papa war der Größte, Papa war der Riese und der Berg, auf den ich klettern konnte. Die Enttäuschung kam später, so groß ist Papa gar nicht gewesen. Papa war auch nur ein Zwerg, groß wie der Rest des spanischen Weltreichs. Immerhin der größte aller Zwerge, kein bißchen kleiner.

Auch ihn sah ich dann in den Spinnweben seiner eigenen Gefühle zappeln. Er hatte sich verfangen. Und zappelte da vor sich hin. Immerhin, er bewegte sich noch.

Hin und wieder, ich weiß nie genau wo oder weshalb, schimmert die Kindheit durch den Gegenwartsschleier. Und mit ihr Mama und Papa und wie sie waren, so groß, so stark, so sicher. Sie wußten, konnten, machten alles. Sah jedenfalls lange so aus. Meine große Mutter, die mächtigste Frau der Welt, mein Vater, Schuhgröße 46, dessen Gebiß in einem Butterbrot den Abdruck eines Riesen hinterließ. So groß, wie mein Vater war, wird nie wieder etwas sein. Ich war einmal sein Däumling, in sein Ohr konnte ich klettern.

Auf einem anderen Kontinent

Ich bin aus dem letzten Jahrhundert, sagt mein Vater. Und dann sagt er: Du auch. Und ich muß lachen. Mein Vater, selbst noch Kind, als ich Kind war, lief mit mir Rollschuh, fuhr Fahrrad und warf Kanonenschläge in die Lüftungsschächte der Tiefgaragen. Dabei muß er sich, das war die Zeit, wie ein Mitglied der RAF vorgekommen sein.

Und ich muß an seine Kindergeschichten denken, die er mir erzählt hat, damals, als ich ein Kind war und mich für seine Kindheit interessierte und fragte, Papa, was hast du gemacht, als du ein Kind warst? Seine Geschichten schienen aus einer mir damals schon unendlich weit entfernt, auf einem anderen Kontinent liegenden Zeit zu stammen, späte vierziger, frühe fünfziger Jahre. Damals, als ich ihn fragte, nur vierundzwanzig, fünfundzwanzig, dann sechsundzwanzig Jahre her. So weit weg wie meine Kindheit heute. Papa, so hieß es, hatte immer eine Lederhose an, eine, die er von Frühling bis in den Herbst trug. Im Sommer ohne lange Strümpfe. Im nächsten Jahr, wenn sie zu klein war, bekam er die, aus der sein älterer Bruder herausgewachsen war. Seine ging an einen jüngeren Bruder.

Beruf

Ich muß jetzt aufhören, sagt das Kind. Ich muß ins Büro, es ist schon halb sieben.

Mein Vater, das war die Vorstellung, fuhr nach Bonn. Reichte das nicht als Beschäftigung? War das nicht ein Beruf? Er fuhr nach Bonn, sah den Bahnhof und kam gegen Abend zurück. Jahrelang, auch als ich sein Vorzimmer, seine Sekretärin, sein Büro schon kannte, füllte allein seine Fahrt nach Bonn meine Vorstellung aus.

Was er da machte? Schwer sich vorzustellen, was er dort, in seinem Büro, eigentlich macht. Was machst du in deinem Büro? fragt das Kind. Spielst du da?

Die Fabrik als Ort der Arbeit gibt es in der Vorstellungswelt des Kindes gar nicht mehr. Das Kind kennt niemanden, der in einer Fabrik arbeitet. Rauchende Fabrikschornsteine sind in den Bilderbüchern nur noch als unbemerkt historisch gewordene Feindbilder der guten Natur zu sehen.

Und wie als Ersatz sehe ich in einem Spielzeugprospekt eine Kinderwerkbank aus buntem Kunststoff, hinter der ein humanoider Roboter steht, der, so sagt die Beschreibung, lustige Bewegungen ausführen könne. Lustige Bewegungen? Hieß das früher nicht Arbeit?

Eines Tages, ohne daß jemand die dumme Frage gestellt hätte, sagt das Kind, Ich möchte Verkäuferin werden. – Ja? Was willst du denn verkaufen? Brötchen? Blumen? Haarshampoo? Das Kind überlegt und sagt, Ich möchte doch lieber Schulkind werden. Eine Woche später will es Flamencotänzerin werden.

Und was willst du später mal werden? fragt das Kind, und ich erschrecke. Bin ich noch nichts geworden? Hat das Kind mich durchschaut? Ist der Kaiser nackt?

Höhle

Ja, sage ich, ich bin's. In einer von ihr gebauten Höhle, ihrem Haus unter meinem Schreibtisch, in dem ich sie morgens um halb sieben besuchen muß, zeigt sie mir ein Bild, das mich irgendwo im Wasser zeigt. Ja, ich bin's, sage ich. Und schlafe wieder ein.

Ich bau' mir eine Wohnung, sagt das Kind. Unter dem Tisch, unter der Klavierbank, in einem leeren Karton. Hauptsache Höhle, Hauptsache mit Dach. Sie nimmt ein Bild von sich mit hinein, spricht mit dem Kind auf dem Bild, nicht mit sich selbst, und legt es neben sein Kissen. Jede Wohnung braucht ein Bild ihres Bewohners.

Album

Und wo war ich da? War ich da noch im Himmel? War ich da im Himmel?

Weißt du noch, als wir? Und wie wir? Und wie wir dann? Wir fangen an, uns unsere Vergangenheit zu erzählen. Die, die wir gemeinsam haben. Uns ihrer zu vergewissern.

Das Kind will sein Album immer wieder sehen. Will sehen, daß es da war, will sich spielen sehen, sich auf der Welt sehen. Sich vergewissern. Nachfragen. Und als es mein Fotoalbum anrührt, fragt es wieder, wo es selbst die ganze Zeit über gewesen sei. Wo bin ich denn da gewesen? Ich kann es ihm nicht sagen. Ich weiß es nicht.

Ich hab dich im Kinderwagen gesehen, sagt das Kind, und ich verstehe erst nicht, daß sie von einem alten Foto spricht. Daß das, was ein Bild zeigt, viele, viele Jahre hersein kann, so viele, daß ich mich selbst gar nicht erinnern kann, will das Kind nicht akzeptieren. Ich muß, sie besteht darauf, die Erinnerungslücke füllen. Muß erzählen, wie das war, als ich im Kinderwagen lag. Sie will alles hören, alles wissen. Und ich fange an, eine Kindheit zu erfinden.

Ich erinnere mich, daß ich mir als Kind meinen Vater, so groß und riesig er war, in einem Kinderwagen vorgestellt habe, als Kind verkleidet, mit einer altmodischen, weißen Babyhaube auf dem Kopf, einer Nuckelflasche im Mund und einem großen Schnuller in der Hand. Ich konnte mir meinen Vater nicht kleiner vorstellen, er war der Maßstab aller Größe, weshalb er in meiner Vorstellung nie ein Säugling war, sondern immer ein Erwachsener. Ein Mann, der sich als Baby verkleidet hatte. Seine Beine, riesige Lederschuhe an den Füßen, ragten über den Rand des grotesk überladenen Kinderwagens hinaus.

Die Schaukel im Garten

Das Haus ist nicht abgebrannt, nicht enteignet, nicht einmal geplündert worden. Die Russen, die Panzer der Roten Armee sind, wiewohl mein Großvater es sein Lebtag befürchtet hat, nicht gekommen. Alles ist noch da, und doch ist alles verschwunden. Mein Vater hat das Haus einfach verkauft.

Auf einem Foto in meinem Album sieht das Kind den Garten, den wir hatten, seine Bäume, die Rutsche, das bemalte Kinderhaus und die Schaukel – da sagt sie, Da möchte ich auch hin. Und plötzlich ist da ein Schmerz, ein lächerlicher Schmerz, von hier bis zu der Zeit, die auf dem Bild noch Gegenwart war. Die Lücke, die lange Spanne dazwischen, tut plötzlich weh. Und ich ärgere mich, daß ich dem Kind das, was es da sieht, so nie werde zeigen können. So, wie auf dem Bild, ist das alles nicht mehr da.

Das bemalte Spielhäuschen, auf dem mein Name unter einer Krone im Giebel stand, wurde abgerissen, die Spielgeräte, die Rutsche und die Schaukel demontiert, das Haus verkauft. Das gibt es alles nicht mehr, sage ich dem Kind. Aber es ist doch auf dem Bild, sagt das Kind, es hat noch nicht verstanden, daß es etwas auch nicht mehr geben kann. Ich selbst, fällt mir ein, habe das vielleicht auch noch nicht verstanden. Ich vergesse es immer wieder, oft denke ich, alles wäre irgendwo noch da.

Im Sommer bin ich, meine Eltern schliefen noch, allein hinunter ins Wohnzimmer gegangen, habe die Terrassentür mit dem Drehhebel angehoben und zur Seite geschoben, bin barfuß über die morgenfeuchte Wiese bis zur Schaukel gelaufen, habe mich auf das Ochsenjoch gesetzt und geschaukelt. Im Schlafanzug. Unsere Nachbarn, wenn sie nicht schon wach waren, wurden vom Quietschen und knarzenden Ächzen der Schaukelaufhängung, die sich näher an ihrem Schlafzimmerfenster als an unserem Haus befand, geweckt. Das jedenfalls erzählten sie meinen Eltern. Die hörten nichts, die schliefen ihren Schlaf der Gerechten.

Meine Eltern, sagt sie, haben aus unserem Haus kein Museum gemacht, meine Eltern waren nicht die Eltern, die nichts angerührt haben, mein Vater hat mein Jugendzimmer abholen lassen, meine Spielsachen verschenkt und mein Dreirad, das ich selbst angemalt hatte, weggeworfen.

Die Schreibtischschublade

Das Kind interessiert sich für alles, was mir gehört, das Kind wühlt in meiner Schreibtischschublade, und ich bilde mir ein, es mache mir nichts aus. Eines Tages gehört der ganze Kram sowieso ihr.

Mir fällt ein, daß ich auch nie Hemmungen hatte, die Schreibtische meiner Eltern zu durchwühlen. Ich probierte Lineale, Radiergummis und Stifte, schaute alte Fotos an – in Papas Schreibtisch waren das Bilder von Frauen, die ich nicht kannte, Mama hatte die entsprechenden Gegenstücke besser versteckt – und hatte das Gefühl, meinen Eltern viel näher als sonst zu sein. Kam mir vor, als wühlte ich in ihrem Innern. Stand mir das als ihrem Kind nicht zu? Mußte ich nicht alles wissen?

Auf dem Schreibtisch meines Vaters lag diese Eidechse aus Messing, deren geschwungener Schwanz sich zu einem Brieföffner formte. Und in der linken Schublade ihres Sekretärs der Zirkelkasten meiner Mutter. Ich weiß nicht, wozu sie den brauchte.

Ich war, so kam es mir vor, auf der Suche nach einem Geheimnis. Ich wußte nicht, was ich suchte, wissen oder finden wollte, vielleicht wollte ich bloß wissen, ob es, ich hoffte darauf, überhaupt ein Geheimnis gab.

Die Dinge, die meinen Eltern gehörten, die einem von ihnen eindeutig zuzuordnen waren, trugen die Züge meiner Eltern. Das Auto meiner Mutter sah wie meine Mutter aus, das Auto meines Vaters schaute mich wie mein Vater an. Seine Aktentasche, die er abends mit ins Haus brachte und vor dem Garderobenspiegel stehenließ, hatte sein Gesicht, die Falten in dem Leder dieser Tasche waren die, die er damals schon hatte oder noch bekommen sollte, die Lieblingshandtasche meiner Mutter wiederum war wie sie selbst, in klein.

Ein Freund erzählt, daß er bei einer seiner nachmittäglichen Inspektionen des Arbeitszimmers seiner Mutter, die eine gründliche Durchsuchung des Schreibtischs und die Durchsicht des darin befindlichen Familienbuches mit einschloß, festgestellt habe – und eigentlich, sagt er, sei das eine Erleichterung gewesen –, daß auf seiner Geburtsurkunde gar nicht der Name desjenigen eingetragen war, den er bis dahin wohl oder übel für seinen Vater hatte halten müssen, weil er schon immer, so lange er denken konnte, dagewesen, mit seiner Mutter verheiratet war und als der Vater seines Bruders galt, sondern ein anderer Name, ein Name, der ihm als der eines ihm sehr sympathischen, väterlichen Freundes seiner Mutter bekannt war.

Sein Fund schien mir wie die Erfüllung aller Träume. Plötzlich, zu einem Zeitpunkt, da man mit seinen

Eltern sowieso nur unzufrieden sein kann, zu erfahren, daß alles, was man für eine große Lüge hält, tatsächlich eine große Lüge ist.

Der Freund sagt, er sei nicht enttäuscht und nicht traurig gewesen. Er sei, so habe sich das damals angefühlt, nur erleichtert, sehr erleichtert gewesen, mit diesem Mann, dem Mann seiner Mutter, dem Mann, mit dem er nie etwas hatte anfangen können, mit dem er sich nie verstanden hatte, nicht verwandt zu sein. Seiner Mutter gegenüber habe er sich nichts anmerken lassen. Erst drei oder vier Jahre später, als sie meinte, sie müsse ihm etwas sagen, und er ihr nach ihrer Eröffnung nicht so überrascht zu sein schien, wie sie erwartet hatte, sei ihr aufgegangen, daß er dieses Geheimnis längst kannte.

Kabäuschen

Ich mag nicht mehr, sagt das Kind und läßt vier Nudeln auf dem Teller liegen. Ich zwinge sie nicht, alles aufzuessen.

Hinter der Küche, fällt mir ein, lag das Kabäuschen, die Speisekammer, in der meine Großmutter nicht nur all ihre Vorräte und die Reste, die vom Essen übrigblieben, sondern, wie ich glaubte, die ganze Familie aufbewahrte. Das Kabäuschen war die dunkle Kammer, in der ihre Geschichten lagerten, der hartgewordene Grießpudding, ihre Plätzchen, die Kekse, die Kartoffeln, das Kompott und die eingemachten Toten.

Ich sah zu, wie sie den warmen, rosinengesprenkelten Grießbrei in kleine Schälchen füllte, in denen er abkühlen konnte, erstarrte und sich in Grießpudding verwandelte, wobei die Rosinen, worüber ich später, wenn ich mit dem Löffel in den Pudding bohrte, staunte, ihre Schrumpeligkeit verloren und zu kleinen Kugeln aufquollen. Grießpudding mit Himbeersirup war ein Altbauessen, so wie ihr Milchreis mit eingeweckten Kirschen, ihre Kartoffelpuffer, der kalte Sauerbraten und seine gelierte Sauce, Johannisbeermarmelade, Trockenkuchen in Alufolie, Aprikosen- und Pflaumenkompott, die Pflaumen oft noch mit Stein. Nachtische, die nicht mehr so in Mode sind.

Manchmal habe ich diesen Raum, die dunkle Kammer, plötzlich um mich herum. Und weil sie mir so leer vorkommt, denke ich, ich müßte sie füllen, Geschichten auf die Regale legen, Erzählungen einkochen, Kuchen backen, Anekdoten und Essensreste aufheben und Erlebnisse einlegen.

Sie hatte immer Vorräte in ihrem Kabäuschen, und es schien unmöglich, daß es eines Tages leer sein und nichts mehr enthalten könnte. Als ich es Jahre später, nach ihrem Tod, ausräumen mußte, fand ich Kompott, das Jahrzehnte zuvor eingemacht worden war, Marmelade mit verblichenen Etiketten und Wein, der in dieser

Kammer, die dabei gar nicht mehr so groß war, wie ich sie in Erinnerung gehabt hatte, siebenunddreißig Jahre alt geworden war.

Kabäuschen. Kommt mir vor, als könnte ich in dieses Wort hineingehen, die Tür hinter mir schließen und anfangen, alles in mich hineinzustopfen, als könnte ich alle Geschichten und alle aufgehobenen Wörter essen. Als könnte ich alles in mich hineinstopfen, aufessen und behalten.

Für dich

Pipipizza mit Spinnensauce, Ohrenschmalzsuppe, Fingernägelsalat. Das Kind hat große Freude am Degout.

Für dich, sagt das Kind und nimmt eine Erdbeere von ihrem Teller, reicht sie mir über den Tisch, und auf ihre Anweisung – sie ist dabei, mich zu dressieren – muß ich mich vorbeugen und den Mund öffnen, woraufhin sie mir die Frucht, ihre Erdbeere, auf die Zunge legt. Und ich höre noch einmal: Für dich.

Käse

Ich mochte keinen Käse und keine Milch. Keine Leberwurst und keine Leber, keinen Rosenkohl, keinen Blumenkohl, keine Oliven, keine Paprika, keinen Thunfisch und keinen Knoblauch. Ich mag noch immer keinen Knoblauch. Und keine Leber. Allein von dem Geruch gebratener Leber wird mir schlecht.

Käsekuchen? Kuchen mit Käse? Was soll das eigentlich sein? Mittelalter Gouda? Mit Löchern? Limburger Käsekuchen? Der Name war mächtiger als der Geschmack und das Wissen, daß es sich bei dem Käse im Käsekuchen eigentlich um Quark handelte. Noch heute, Jahre später, durchzuckt es mich bei dem Wort Käsekuchen. Ich muß mich immer wieder erst daran erinnern, daß Käsekuchen nicht aus zerlaufenen Schmelzkäsescheiben auf Streuselkuchen besteht.

Das Wort hat mich so abgeschreckt. Käse, wie das schon klingt. Das kann doch gar nicht schmecken. Cheese hingegen, cheese muß schmecken, denn cheese lächelt, ganz im Gegensatz zum eher mürrischen Käse.

Ich will Parmesan, sagt das Kind, Parmesan ist ein schönes Wort.

Camembert hingegen, da stinkt schon der Name. Camembert war der Käse, den ich wegen seines Namens nicht mochte. Das Wort Camembert klang in meinen

Ohren so, als sei das, was es bezeichnete, ungenießbar. Und warum war da dieser Pilz auf der Packung? Daß meine Schwester behauptete, dieser Käse bestünde nur aus Schimmel, ja Käse bestünde überhaupt, eigentlich immer, nur aus Schimmel, steigerte meine Lust auf Camembert auch nicht. Die kam später.

Durst

Durst, sagt das Kind, ich hab Durst. Durst hat das Kind eigentlich immer. Immer will es trinken. Ich eigentlich auch.

Schon als Kind schien es mir unmöglich, den gelben Stummelstrohhalm mit der angeschrägten Spitze in den Steilhang der Aluminiumverpackung zu bohren, drei oder vier Tropfen quollen immer heraus. Heute, in der Sonne, auf dem Spielplatz, das gleiche Spiel. Der Strohhalm erinnert an eine überdimensionierte Kanüle, mit der ich in die Saftpackung stoßen muß, um ihr Blut abzunehmen.

Die Flügelkanülen von heute haben tatsächlich eine nur kurze Nadel, an die sich ein dünner, transparenter Schlauch anschließt, der in einem Klinkenstecker endet, der wiederum an ein Unterdruck-Blutprobenröhrchen angekoppelt werden kann. Das Blut, der ganz besondere Saft, viel dicker als Wasser und Zuckerwasser, fließt durch das transparente Schläuchchen. Sieht hübsch aus. Ist ein Blutprobenröhrchen voll, wird das nächste angeschlossen.

Blutkonserven werden eben nicht, wie ich mir das immer vorgestellt hatte, in Konservendosen, die ich mir wie Raviolidosen dachte, sondern in Metallfolie verpackt geliefert.

Das fürchterlichste Essen aber war Blutwurst. Vor Blutwurst hatte ich Angst, ich ekelte mich vor dem Wurstblut.

In der großen Pause verkaufte der Hausmeister Himbeer- und Waldmeistersaft, Joghurt und Weincreme. Joghurt und Weincreme wurden mit einem Strohhalm aus dem Becher gesaugt. War der Becher fast leer, meldete der Strohhalm sich mit dem Geräusch angesaugter Luft. Die Alufolie wurde abgezogen und das Joghurt mit dem am untern Ende angeschrägten Strohhalm vom Becherrand geschabt und herausgekratzt. Meist beschmierte ich mir dabei das Gesicht. Später wunderte ich mich, daß in einer Grundschule Weincreme an sechs- bis zehnjährige Kinder verkauft wurde, wo sich doch manchmal, wenn ich zwei oder drei dieser Becher schnell hintereinander aufgesaugt hatte, ein Gefühl in mir ausbreitete, das ich später als sanften Rausch zu identifizieren lernte. Von der Weincreme, die meine Großmutter manchmal zubereitete, eine ihrer Altbaunachspeisen, konnte ich regelrecht betrunken werden. Meine Großmutter schien das, so wie den weincremeverkaufenden Hausmeister, nicht besonders zu stören.

Der grüne Waldmeister- und der hellrote Himbeersaft kamen in halbtransparenten Plastikbechern. Gespült und ohne Deckelfolie dienten sie beim Wasserfarbenmalen im Kunstunterricht als Wasserbecher.

Mit den leeren Getränkedosen, die es damals noch gab, wurde auf dem roten Verbundpflaster des Schulhofs Fußball gespielt. Hinter den niedrigen Gitterzäunen standen Hagebuttenhecken, dahinter hohe Maschendrahtzäune, die verhindern sollten, daß Bälle in die angrenzenden Gärten flogen. Ich bilde mir ein, mich noch heute an jede Treppenstufe, jeden Knick im Geländer und an jede einzelne Latte des Jägerzauns zu erinnern, der an einer Seite des Schulhofs stehengeblieben war. Von den vielen Kinderhänden, die ihn immer wieder berührt, und den Rücken, die sich immer wieder, in jeder großen Pause, an ihn gelehnt hatten, war dieser Zaun so glattgerieben worden, daß die früher oben einmal spitzen Staketen als Handschmeichler dienen konnten.

Blaue Lippen

Hab ich schon blaue Lippen? fragt das Kind und springt wieder ins Wasser, als wären blaue Lippen die Auszeichnung, die es im Freibad zu erwerben gelte, als wären blaue Lippen die Belohnung für ausdauerndes Planschen.

Gänsehaut ist ein komisches Wort, sagt das Kind, als ich es abtrockne und in sein Badetuch wickle. Und ich erinnere mich, daß ich erst, als ich die kleinen Noppen auf der Haut der Martinsgans sah, verstand, was dieses Wort bedeutete, damals, am späten Vormittag eines Martinstages, an dem die ziemlich große, gerupfte Gans mit der bleichweißen Haut – die gar nicht mehr an das Tier, das ich kannte, erinnerte – noch roh, aber schon halbgefüllt, in der Küche lag. Auf einmal strahlte die Analogie mich an: Kein Wunder, das Tier hat keine Federn mehr, ihm ist kalt. Daher die Gänsehaut. Ich selbst habe, ich weiß nicht warum, schon lange keine mehr gehabt. Friere ich nicht mehr so wie früher? Verlieren solche Atavismen sich mit dem Älterwerden? Weiß der Körper mittlerweile, daß das Aufstellen der Härchen, das Hervortreten der Haarbälge, gar nicht hilft?*

Manchmal, das Kind verlangt das Spiel immer wieder, muß ich am Beckenrand entlang spazieren, wie Hansguck-in-die-Luft in den Himmel schauen, unbeteiligt vor mich hin pfeifen und mich dann, überrascht und ganz ohne Gegenwehr, ins Wasser schubsen lassen. Immer wieder.

* Sonderbarerweise bekomme ich, während ich dies schreibe, eine leichte Gänsehaut.

Das Bad liegt in dem Park, der früher der Garten eines Schlosses war, dessen Ruine nach dem Krieg abgerissen wurde. Von der Liegewiese sind die Schiffe auf der Spree, der Fernsehturm, Züge und S-Bahnen auf dem Stadtbahnviadukt und Flugzeuge im Himmel zu sehen. Das arme Kind, schwimmt schon heute in dem expressionistischen Großstadtgedicht, das ich lange nur aus dem Lesebuch kannte.

Am Beckenrand fällt mir ein, daß ich hier schon einmal schwimmen war, dreizehn oder vierzehn Jahre zuvor, in einer Sommernacht, frühmorgens, es war fast schon wieder hell. In dieser Nacht waren wir erst beim Brasilianer hinter dem Loch in einer Hofmauer, dann in einem Club namens Frisör in einem Haus, das nicht mehr steht, und zuletzt im ersten WMF gewesen. Wir sind dann über den Zaun geklettert und nackt geschwommen, und keiner hat an ein Kind gedacht.

Hab ich schon Gänsehaut, fragt das Kind, hab ich schon blaue Lippen?

Die Wände der Umkleidekabinen

Frau Ricotta nahm mich manchmal mit in das alte Freibad am Rhein, in das aus einem riesigen stilisierten Wasserhahn das angeblich heilkräftige, eigentlich aber ekelhafte Wasser der eisenhaltigen Quelle ins Becken prasselte. Der Kran, wir sagten Wasserkran statt Wasserhahn und Kranenwasser statt Leitungswasser, war über und über mit rotbraunen, schlamm- und rostfarbenen Krusten von Eisenoxid überzogen, was auf seine Weise zu den alten Menschen paßte, die sich hier so bedächtig bewegten, mehr treibend als schwimmend, gelegentlich schnaubend, ihre Runden drehten, die Frauen unter altweißen oder gelblichen Gummibadekappen, die sie über ihre Ohren gezogen und mit einem Kinnriemchen zusätzlich gesichert hatten.

Das Becken, in dem diese eingepackten Köpfe trieben, langte nicht ganz bis an die hüfthohe Mauer, unter der ein sorgsam gepflegter Uferweg, ein Ausläufer der Rheinpromenade, der alte Treidelpfad, verlief. War es warm genug, blieb ich an der Mauer stehen und schaute auf die Kurgäste, die sich unter mir über das Verbundpflaster schoben. Hinter ihnen strömte das Wasser im Fluß, auf ihm fuhren die Schiffe, deren tuckernde Dieselmotoren auch im Schwimmbecken zu hören waren.

Das Wasser schmeckte metallisch. Öffnete ich unter Wasser die Augen, konnte ich nichts sehen, und Badesachen, waren sie nicht dunkelblau oder schwarz, waren nach dem Schwimmen in diesem eisenhaltigen Wasser rotbraun verfärbt. Ich erinnere mich, daß die ausgeblichene Farbe von den hölzernen Türen der Umkleidekabinen blätterte und die wettergrauen Pflasterplatten hier und da von den Wurzeln der hohen Pappeln angehoben waren, das ganze Schwimmbad schien in einer anderen, mir eigentlich fremden Zeitzone zu schweben. Mir kam es vor, als befände ich mich in einem tschechischen Spielfilm.

Die Wände der Umkleidekabinen, nur deshalb fuhr ich immer wieder mit in dieses Bad, hatten sehr viele Löcher, und nicht alle von ihnen waren mit kleinen Kügelchen aus Papiertaschentüchern verstopft. Wo ich konnte, schaute ich hindurch. Einmal, da zog sie sich in der Kabine neben mir um, sah ich Frau Ricotta nackt.

Abdruck

Immer wieder klettert das Kind aus dem Becken, legt sich tropfnaß auf die heißen Platten und freut sich über den Abdruck, den ihr Körper auf den Boden stempelt. Steht sie auf und springt wieder ins Wasser, bleibt ihr Umriß wie ein feuchtes Nachbild auf den Steinen. Bis die Sonne es getrocknet hat.

Ich weiß noch, wie sich das angefühlt hat auf den heißen Platten. Zwischen Haut und Zement sammelte sich die aus den Haaren und von den Schultern gelaufene Brühe und wurde immer wärmer. Dann wechselte man den Platz, um aufs Trockene zu kommen, versuchte dabei allerdings zu vermeiden, sich in oder über den noch sichtbaren Abdruck eines anderen zu legen.

Der Abdruck des eigenen Körpers besaß Arm- und Beinstümpfe und erinnerte manchmal an die Umrißzeichnung eines Mordopfers am Tatort. Mädchen, die einen Badeanzug anhatten, trugen auch auf ihrem Körperstempelbild einen Badeanzug. Jungen aber, wenn sie nicht zu dick waren, hatten zwischen Brustkorb und Badehose eine meist nur sehr schwach gezeichnete oder ganz trocken gebliebene Lücke.

Schwimmstunde

Ich war fünf oder sechs Jahre alt, da schickte meine Mutter mich in die Schwimmstunde. Meine Badehose, ich weiß nicht, wer oder was mich darauf brachte, zog ich mir schon zu Hause an, um es mir zu ersparen, meine Unterhose in der Sammelumkleide ausziehen zu müssen. Erst nach dem Schwimmunterricht, als ich nackt in der Kabine stand, bemerkte ich, daß ich nicht daran gedacht hatte, eine Unterhose einzupacken. Unschlüssig wickelte ich mich in mein Handtuch ein. Die Mütter der anderen Jungen halfen ihren Söhnen beim Anziehen, verwandelten sie mit großen Badetüchern in kleine Mumien, rieben an ihnen und rubbelten sie ab, bis ihre Haut sich rötete, und trockneten ihnen dann, mit einem Zipfel des Handtuchs, auch noch die Zehenzwischenräume ab. Das fand ich übertrieben. Ohne daß eine der anderen Mütter etwas davon bemerkte, zog ich meine Hose ohne Unterhose wieder an und wartete vor dem Schwimmbad auf meine Mutter. Sie kam zu spät.

Tag und Nacht, morgens, mittags, abends

Erst seit das Kind da ist, bin ich selbst immer da, sonst, sagt die Freundin, bin ich oft ganz woanders, oft tage-, wochenlang nicht bei mir gewesen. So sehr, daß ich nachher oft nicht einmal mehr sagen konnte, wo ich gewesen war. Erst seit das Kind da ist, bin ich wirklich da. Und nicht mehr in der bloß ausgedachten Einbildung einer großer Liebe.

Mein Liebeswunsch ist bis dahin immer ein Todeswunsch gewesen, ich wollte gar nicht mit oder in Liebe leben, ich hätte das gar nicht ausgehalten, ich wollte immer bloß jemanden finden, für den oder mit dem ich hätte sterben können. Das ist jetzt, ich weiß noch nicht, ob ich mir ganz sicher bin, vorbei.

Dann war da das Gefühl, überhaupt nur noch das Kind zu lieben, das Gefühl, daß nichts und niemand mehr Macht über mich hätte. Da war auf einmal nur noch das Kind.

Ich bin, sagt sie, nun immer für einen anderen da. Ich bin nicht nur mit jemandem zusammen, ich bin immer da. Tag und Nacht, morgens, mittags, abends. Und so wie ich früher von und durch meine Mutter gelebt habe, lebe ich jetzt für das Kind. Und eines Tages, sagt sie, ich bin mir fast sicher, wird das dem Kind so auf die Nerven gehen, wie mir die Bemutterung meiner Mutter auf die Nerven ging.

Auf die Dankbarkeit der Kinder dürfe man nicht zählen, sagt Ernst Jünger, denn man zahle ihnen bloß zurück, was man seinen Eltern schuldig sei. Auch die Kinder werden einmal an der Reihe sein.

Leuchten

Mit dem Kind auf dem Arm fängt sie an zu strahlen, sie hat dann dieses Mutterleuchten, diese ganz andere, von innen befeuerte Art des Lächelns. Das Kind auf dem Schoß hat ihr, so scheint's, gefehlt. Das Kind hat sie angeschaltet.

Scheint so, als hätte sie schon immer ein Kind gehabt. Schon seit dem Tag, an dem sie die Puppen, noch handwarm, zur Seite gelegt hat.

Spucke

Guck mal, Spucke, sagt das Kind, beugt sich auf dem Bürgersteig weit vornüber und läßt Spucke aus ihrem Mund auf das Pflaster laufen.

Und ich muß an die toten Tanten denken, die, oft eine nach der anderen, erst Tante Thekla, dann Tante Mila, dann Tante Thea, ihre Taschentücher – wobei es sich natürlich immer um Stoff- oder Spitzentaschentücher handelte – mit Spucke anfeuchteten, um mir Schmutz oder dicht unter der Nase klebende Essensreste aus dem Gesicht oder den Mundwinkeln zu reiben. Eine Tantentätigkeit, ja, dazu sind Tanten wohl da, dachte ich, das muß wohl so sein, das muß eine ihrer Lieblingsbeschäftigungen sein, Tantenspucke in die Gesichter ihrer Neffen zu reiben, als könnten sie auf diese Art und Weise ihr Fortbestehen sichern. Nach einem ihrer oft mit verdächtiger, ja, wie mir schien, übertriebener Leidenschaft durchgeführten Übergriffe kam ich mir damals, auch wenn ich das Wort noch gar nicht kannte, kontaminiert vor.

Und ich erinnere mich an den Geruch der Spucke meiner Mutter.

Als Kind glaubte ich, daß feuchte Küsse dem Spuckeaustausch dienten, denn die Spucke eines anderen zu mögen hieß, ihn wirklich sehr zu mögen.

Vor der Reckstange, fällt mir ein, habe ich immer in die Hände gespuckt. Ich weiß gar nicht, ob das nötig war, aber der Felgaufschwung ging danach viel leichter. Und natürlich war der Liedvers *turnt am Reck, fällt in' Dreck* immer im Ohr dabei. Die im folgenden Vers abfallende Nase ließ sich dann, wenigstens im Lied, mit Spucke wieder ankleben.

Mach Spucke drauf, Mamas ernüchternder Trost, wenn ich jammerte, Mama, das juckt. Mach Spucke drauf, sagte sie, das hilft.

Ihr Lutscher, der Kinderlutscher, den ich zu Ende lutschen soll, schmeckt nach Spucke. Nach Kinderspucke.

Mach mal die Augen zu, sagt das Kind. Sie weiß, ich will sie nicht spucken sehen.

Schon so oft

Das alles gab es schon oft. Das ist doch schon so oft passiert. Über Tausende Generationen hinweg. Immer wieder. Wir sind ja vielleicht doch nur dazu da, uns weiterzugeben. Irgendwo ist uns etwas eingeschrieben, die Bauanleitung, nicht nur für uns, sondern für etwas, das wir uns gar nicht vorstellen können. Das Individuum spielt dabei keine Rolle, auf den einzelnen kommt es gar nicht an. Der ist nur ein Tropfen in der Wolke, bis zum letzten Tag.

Mitochondrien, die Kraftwerke in den eukaryotischen Zellen unserer Körper, gibt es nur von Mama. Töchter und Söhne bekommen sie von ihrer Mutter. Mitochondrien gibt es nur matrilinear, seit Abertausenden von Generationen.

Söhne tragen also die Mitochondrien ihrer Mütter und die Y-Chromosomen ihrer Väter. Das Y-Chromosom geht vom Vater auf den Sohn. Hat ein Vater keinen Sohn, ist wieder ein Y-Chromosom verschwunden, es sei denn, er hat Brüder, die Söhne haben, oder sein Vater hat Brüder, die Söhne haben.

Manchmal frage ich mich, wer meine Urururururururururgroßmutter war. Und wer war der Vater des Vaters meines Urururururururgroßvaters? Was hat er denn so gemacht, den ganzen Tag?

Körperteil

Das Kind klammert so schön, klammert, schmiegt sich an mich. Macht mich ganz weich.

Auf meinem Arm wird es Körperteil, es wird ein Stück von mir. Fühlt sich an wie festgewachsen, als hinge es an mir. Manchmal kommt es mir vor, als hinge das Kind an genau so einem langen dehnbaren Gummiband, wie es auch zwischen mir und meiner Mutter hing. Das zwischen meiner Mutter und mir ist heute allerdings nicht mehr straff gespannt. Es ist ein wenig ausgeleiert, weil zu oft überdehnt.

Eine Bekannte sagt, das Kind sei ein Körperteil, der sich irgendwann selbständig mache. Ein Mann, sagt sie, habe davon ja keine Ahnung. Ein Mann wisse ja nicht, wie das sei, ein Kind herumzutragen, das ganze Leben lang. Es helfe nicht, so einfach sei das eben nicht, es sich ein paarmal vor den Bauch zu binden.

Leibwächter

Ich bin sein Leibwächter, ich passe auf, bin immer da, halte es fest, halte es an der Hand, trage seine Sachen. Ich bin sein Leibwächter, ich passe auf.

Ich bringe das Kind in den Kindergarten, ich hole es ab, halte seine Hand, lasse es auf dem Spielplatz nicht aus den Augen. Ich passe auf. Ich bin sein Leibwächter, so wie mein Vater mein Leibwächter war. Bis ich nicht mehr wollte.

Und dann, sagt mein Vater, bist du einfach aus dem Auto gesprungen. Er erinnert sich an Situationen, in denen er mich fast verloren hätte, die ich jedoch als gar nicht oder viel weniger dramatisch in Erinnerung habe. Ich erinnere mich nur an seine Aufregung und sein Entsetzen, die Gefahr war für mich bloß im nachhinein, als Abdruck der Angst auf seinem Gesicht zu sehen. Nachdem ich ohne zu schauen auf die Straße und eben fast in ein Auto gelaufen oder beim Skifahren über eine Wegkante gesprungen und sechs Meter tiefer, nur ein kleines Stück neben einem Felsen, ganz weich im Tiefschnee gelandet war.

Gib mir deine Hand. Immer, noch läßt es sich das gefallen, geht das Kind an meiner Hand. Hin und wieder sieht es so aus, als führe das Kind den Vater, als habe das Kind den Vater an die Hand genommen. Ohne seine Begleitung kommt er nicht mehr weit.

Die Couch (Katja)

Jahrelang hatte diese Couch in ihrem Wohnzimmer gestanden, bis sie es eines Tages nicht mehr aushielt und sie von einem Tag auf den anderen loswerden mußte, sofort, sie mußte sofort abgeholt werden, darauf hat sie bestanden, nachdem sie all die Jahre auf dieser Couch gesessen hatte und von ihr immer wieder daran erinnert worden war, auch dann, wenn sie gar nicht daran erinnert werden wollte, daß sie auf dieser Couch, die auch eine Schlafcouch sein konnte, gezeugt worden war. Ihr Vater hatte ihr das in seiner jovial verletzenden Art mehr als einmal unter die Nase gerieben und dabei noch angegeben, ihre Mutter sei ja erst siebzehn gewesen.

Auf dieser Couch hatten dann auch alle ihre Freunde gesessen, nacheinander hatten sie dort Platz genommen, einer nach dem anderen. Sie auf diese Couch zu setzen schien ihr eine Art Test, eine Prüfung zu sein, schließlich hatte auch sie sich auf diesem Sofa entjungfern lassen, der Name des jungen Mannes, der da auf ihr gelegen hatte, fiel ihr aber trotz aller Erinnerungsanstrengungen nicht mehr ein. Sie hatte sich alle Mühe gegeben, ihn zu vergessen.

Jahre später hatte sie sich auf diesem Sofa dann noch einmal, zum zweiten Mal, ein Kind machen lassen, das Kind jedoch, worüber sie sich heute hin und wieder – fast immer allein, manchmal einsam – ärgere, wieder nicht bekommen. Ein Kind, das heute acht, neun, zehn, elf, zwölf Jahre alt wäre, dieses Jahr dreizehn, nächsten Sommer vierzehn und so weiter.

Die Kinder, die man nicht bekommen hat, wachsen trotzdem weiter, sagt sie. Auf dieser Couch, die sie dann, eines Tages, plötzlich loswerden mußte, habe sie zum Beispiel öfter ein Kind, eine pubertierende Jugendliche sitzen sehen, eine colatrinkende Halbwüchsige, die es doch eigentlich gar nicht geben dürfe. Diese Person, die sich ihr nie vorgestellt, ihr nie einen Namen genannt und sie gar nicht beachtet habe, ja, so getan habe, als sei sie, die sie hier doch wohne, eigentlich gar nicht da, habe sich in ihrem Wohnzimmer immer öfter breitgemacht, Chips auf die Couch gekrümelt und, was am schlimmsten war, die Fernbedienung nicht mehr hergegeben.

Diese Couch, auf der sowohl sie als auch ihre Mutter entjungfert worden waren, hat sie dann, sie dachte, diese Erscheinung vielleicht auf diesem Weg loszuwerden, von zwei jungen Männern hinunter auf die Straße tragen lassen. Was eine große Erleichterung für sie gewesen sei, wie sie berichtet, als hätte das Ding ihr schon länger auf einem Körperteil gestanden, von dem sie gar nicht wußte, daß sie ihn hatte. Ihr sei es, sagt sie, wie eine Befreiung vorgekommen, aber sie sagt das so, als lege sie gar keinen Wert darauf, daß ich ihr diese Konversationslüge glaube.

Sonst nicht da

Kinder sind Menschen, die sonst nicht da waren, höre ich eine alte Frau sagen. Ich höre das nur im Vorübergehen. Ich sehe gar nicht, zu wem sie das sagt.

Das Kind ist da, wo vorher nichts gewesen ist. Ich höre nicht auf, mich darüber zu wundern. So wie ich mich früher darüber gewundert habe, daß ich an der Stelle war, wo ohne mich niemand oder ein ganz anderer gewesen wäre, dem wiederum es unmöglich gewesen wäre, sich mich und meine Existenz an seiner Stelle vorzustellen. Ich weiß nicht mehr, wann oder ob ich je aufgehört habe, mich darüber zu wundern, daß es mich gab und vorher nicht gegeben hatte. Oder bin ich vielleicht doch schon einmal hier gewesen? War ich nicht schon einmal da? In meinem Groß-, Urgroß-, Urururgroßvater? In meiner Urururururgroßmutter? Ein kleines Stück von mir?

Ich selbst bin da, wo vorher nichts gewesen ist. Mich hat es vorher nicht gegeben. Und, wie beruhigend, nachher wird hier wieder nichts mehr sein. Oder ein ganz anderer.

Das Kind hat fast immer gute Laune. Ich bin da, sagt das Kind am frühen Morgen. Staunt, freut sich, als hätte es sich an sein Hier- und Dasein noch gar nicht gewöhnt. Lange liegt sein erster Tag auch nicht zurück.

Wo war ich denn, als ich noch nicht da war? Wo war ich denn? fragt das Kind. War ich im Himmel? Was habe ich da gemacht?

Jede Sekunde

Ich erinnere mich, so kommt es mir vor, an jeden Augenblick meiner auf einem anderen Kontinent verstaubten Kindheit, entweder bin ich, und ich erinnere mich nicht, vor langer Zeit ausgewandert, oder ich bin jede Sekunde, jede Stunde, jeden Tag ein winziges Stück davongedriftet. Jedes Jahr ein oder zwei Zentimeter weiter. Und mit der Zeit sind vier- oder fünf- oder sechstausend Jahre oder Kilometer daraus geworden. Einmal Atlantik zwischen uns, liebe Kindheit.

Ich habe mich nur umgeschaut

Das Kind ist die Zukunft, die wir gar nicht mehr haben, höre ich sagen. Alle Eltern fallen darauf herein und bilden sich ein, sie hielten Anteile am Leben und an der Zukunft ihrer Kinder.

Ich hab mich nur umgeschaut, zehn, fünfzehn, zwanzig Jahre sind vergangen. Das Kind hat die Zeit getrunken. Und hat noch immer Durst. Das Kind hat immer Durst.

Da war die Frau, fällt mir ein, die die Tür ihrer Wohnung hinter ihren beiden Kindern, zwei und drei Jahre alt, zuzog und zu ihrem Freund ging. Zwei Wochen lang sahen sie sich Videos an. Das Ältere der beiden Kinder hat noch versucht, vergeblich, ein Trinkpäckchen zu öffnen. Die Kinder sind verdurstet.

Freibier

Hier Gefühlsausschank, heute Freibier, wohltemperiert. Ich erinnere mich an alle Gefühle, ich bin noch da. Morgen ist dann Ruhetag.

Mitten in der Nacht, ich bin fast eingeschlafen, muß ich ihr plötzlich erzählen, was ich ein oder zwei Jahre zuvor abends auf dem S-Bahnhof Springpfuhl in Marzahn beobachtet habe, ich weiß nicht warum und weiß nicht, warum ich überhaupt, halb eingeschlafen, gerade in diesem Augenblick an das junge Paar mit dem weinenden Kind denken muß, das vor meinen Augen plötzlich wieder auf dem langen, fast leeren Bahnsteig steht, ich sehe sie wieder da stehen und höre die Mutter brüllen, sie brüllt das Kind an, brüllt, JETZT BLEIB DA STEHEN, HAB ICH DIR DOCH GESAGT, das Kind bleibt stehen und weint, und Weinen ist im Alter von zwei, zweieinhalb Jahren ja kein moderiertes Schluchzen, sondern immer ein Brüllen, das Kind brüllt über den Bahnhof Springpfuhl, und mich packt ein Mitleid, ein so verzweifelndes Mitleid, als weinte dieses Kind für die ganze traurige, graue Stadt in bunten Kleidern.

Blaue Flecken

Hier habe ich einen blauen Fleck, sagt das Kind und zeigt seine Beine. Hier bin ich hingefallen, sagt sie und weist auf die verschorfte Wunde, die Haut wächst wieder zu. Kommt neue, sagt das Kind, und ich erinnere mich, wie sehr ich mich früher darüber wunderte, daß unter dieser dunkelroten, braunvioletten, manchmal fast schwarzen Kruste, wenn sie denn von selbst abfiel oder von mir, was viel öfter vorkam, schon vorher mit dem Fingernagel abgelöst wurde, neue, helle Haut zum Vorschein kam.

Heftpflaster wird wie eine Auszeichnung getragen, wie ein Orden. Die Verletzung wird zur Trophäe, zum Interims-Tattoo, zum Schmuck und Ornament der Haut.

Hier habe ich ein Tattoo, sagt das Kind und zeigt mir das Spuckebild auf seinem Arm. Aus der Kaugummipackung. Leicht anfeuchten und auf die Haut drücken. Es gibt sie auch auf den Deckelfolien mancher Fertigpuddingbecher.

Ich wundere mich, daß ich noch immer diese alte, dieselbe alte Haut habe. Dabei hatte ich gedacht, sie erneuere sich alle soundso viel Tage. Die Hautzellen wandern von unten nach oben, sterben ab und werden abgestoßen. An einigen Stellen der Haut sehe ich, wie auf einer alten Schreibunterlage, was ich mir wann und wo getan habe. Die Haut hat jede Verletzung behalten, den spitzen Bleistift, das Küchenmesser, die abgerutschte Nagelschere. Alles fällt mir wieder ein.

Fortsetzung

Manchmal kommt es mir vor, als wäre ich bloß die Fortsetzung, die meine Eltern, deren Eltern und alle anderen zuvor sich ausgedacht haben. Kommt mir vor, als hätte ich gar kein eigenes Leben. Als bestünde ich bloß aus einem Programm, das abläuft, ganz von allein, so, wie es sich immer ausgeführt und abgespult hat und, wenn nichts dazwischenkommt, weiter ausführen und abspulen wird, noch einige hundert oder einige tausend Mal – so wie es Tausende Generationen vor mir funktioniert hat. Bis dieses Programm sich eines Tages kaputtkopiert und selbst vergessen haben wird, längst nicht mehr wissend, zu welchem Zweck es einmal angefangen hat.

Und ich erinnere mich an die Vorstellung, aus dem eigenen Körper in einen anderen zu wechseln. Nicht nur, wie bei sehr gutem Sex, einen oder zwei oder drei Augenblicke lang, sondern für immer einen Körper weiter zu sein. Manchmal kommt es mir vor, als ließe der Tod sich so überlisten. Und als wollten sie beweisen, daß dem durchaus so sei, fangen meine tote Großmutter, meine Ur- und meine Ururugroßmutter an, sich in mir zu unterhalten. Nur verstehe ich sie leider nicht.

Kompost

Die Apfelschalen kamen in den kleinen, gelben Komposteimer, den ich, sobald er voll war, hinaus in den Garten tragen und über dem Komposthaufen ausleeren mußte. Der Komposthaufen lag weit hinten im Garten, wo die Wiese zu einem baumbestandenen Hohlweg hin abfiel. Die Eierschalen zwischen Teeblättern, Kaffeesatz und Gartenabfällen führten mir Verrottung vor. Im Herbst lagen dann riesige Kürbisse auf dem Haufen. Die waren dort gewachsen.

Weiter oben in dem Hohlweg erinnerte ein Kreuz daran, daß dort einmal zwei Kinder beim Spielen verschüttet worden waren. Beim Bau einer Höhle waren sie, so erzählte meine Mutter, in dem nachrutschenden Bims erstickt. Das Unglück, das verriet die Jahreszahl auf dem Gedenkstein, hatte sich schon vor dem Ersten Weltkrieg abgespielt, weshalb ich mir die verschütteten Kinder, ein Junge und ein Mädchen, nun als Opa und Oma vorstellte, ja, ich stellte mir vor, sie wären vergraben unter Sand und Bims in Frieden gealtert und sähen nun, dort an einem Tisch sitzend und wartend, viel gelassener als meine durch zwei Weltkriege gescheuchten Großeltern aus.

Bis bald

Bis bald, ruft das Kind, und auf einmal ist da nur noch unfaßbare Leere, auf einmal ist da nur noch das Loch in meinem Bauch, und mir fällt nichts anderes ein, als mir zu wünschen, ich wäre tot.

Manchmal, in sehr euphorischen Momenten, kommt es mir vor, als hätte ich alle Probleme gelöst, als könnte ich nie wieder irgendein Problem haben, als schalte die Kindergegenwart alle Zweifel aus. Ich liebe dieses Gefühl, solange es anhält.

Ist das Kind nicht da, möchte ich tot sein. Sonst aber immer leben. Dabei erinnert das Kind mich immer daran, daß ich sterben muß. Eines Tages wird das Kind an meiner Stelle sein, so wie ich da bin, wo meine Eltern, Großeltern, Urgroßeltern waren. Und so weiter. Und wann stirbst du, Papa? Stirbst du bald? fragt das Kind, als könnte es diesen Gedanken schon lesen.

Papa, sagt sie, war immer so weit weg wie ein Stern am Himmel. Mama so nah wie das Licht im Flur.

Ich hab dich vermißt, sagt das Kind, als wir uns wiedersehen, dann, bevor es wieder abfährt, ganz abgeklärt, drei Jahre alt, Papa, ich komm doch wieder.

Trost

Soll ich pusten? fragt das Kind und pustet meinen Schmerz, ich habe mich nur am Türrahmen gestoßen, einfach fort. Was weh tut, läßt sich, hat das Kind gelernt, leicht wegblasen. Pusten kühlt. Muß ich mir merken. Ich hatte vergessen, wie gut das funktioniert. Einfach pusten.

Das Kind weiß erst gar nicht, daß es den Schmerz ganz allein spürt. Weiß noch nicht, daß der Schmerz, den es spürt, sein eigener, ganz persönlicher Schmerz ist. Noch glaubt das Kind, jedermann, alle, die ganze Welt müßte ihn spüren.

Das mit dem Pusten funktioniert später leider nicht mehr so gut. Man müßte halt daran glauben können. Könnte ich es, ich wünschte mir einen Trostfön, der auf den Kopf und Richtung Herz blasen müßte. Und alles, alles wäre gut.

Wunderheilung setzt auch ein, wenn der Eiswagen in Sicht ist. Das Bauchweh verschwindet dann immer ganz schnell.

Und ich erinnere mich an den schier unaushaltbaren Kälteschmerz, damals, als Kind, als die Handschuhe oben auf dem Gletscher nicht dick genug waren. Irgendwann fing ich an zu weinen, ich war neun oder zehn Jahre alt und wollte nicht mehr weinen, nicht wegen so einer Sache, nicht wegen eines gewöhnlichen, so leicht erklärbaren, dummen, beißenden, körperlichen Schmerzes. Ich haßte mich für diese Empfindlichkeit.

Körperlicher Schmerz, so kam mir das vor, war einfach und gewöhnlich, richtig wütend machte der andere Schmerz, der, der sich nicht so leicht erklären ließ.

Ist doch nicht so schlimm, sagt das Kind und spendet freigebig Trost. Das macht doch nichts, mein Schatz, sagt das Kind und führt mir eine meiner Trostroutinen vor. Ist doch nicht so schlimm, sagt das Kind. Und sagt, Du mußt jetzt sagen, ist doch nicht so schlimm. Und als das alles nichts hilft, sagt das Kind, Laß das Aua. Laß das. Und das klingt dann fast wie ein Befehl.

Weinen

Ob auch Erwachsene weinen können? Ich bin mir auf einmal nicht mehr so sicher. Und überlege, ob ich dem Kind nicht antworten müßte, daß viele es gar nicht mehr können. Die meisten scheinen es verlernt zu haben.

Ich dachte immer, erwachsen zu sein hieße, seinen Affekten, Gefühlen, Stimmungen nicht mehr hilflos ausgeliefert zu sein, einem Prinzip, einer Idee, einem pragmatischen Programm folgen zu können, Macht über alle seine Gefühle und ein Herz aus einem glatten, glänzenden, polierten Stein zu haben.

Dabei heißt erwachsen zu sein, das Kind spürt das, eigentlich bloß, sich zu langweilen. Und, viel schlimmer noch, langweilig zu sein.

Wackelbild

Laß das Aua, sagt das Kind und schenkt mir eine Muschel. Zum Andenken, sagt das Kind und schenkt mir einen Schneeball, den es in der Tiefkühltruhe aufbewahrt. Dann schenkt sie mir einen Stein, zwei Kastanien, eine Zigarettenkippe, eine Blume, einen Kaugummi und einen Lutscher, den sie nicht mehr mag.

Das Wackelbild, das sie mir an einem anderen Tag schenkt, springt je nach Lichteinfall hin und her. Der abgebildete Indianer mit Federschmuck reitet ein Stück auf mich zu, nur um dann wieder zurückzuweichen.

So ein Mädchen

So ein Mädchen möchte ich sein, sagt das Kind. Und zeigt auf ein Kind, das auf der Wiese im Park auf einer karierten Decke liegt und in einem Lustigen Taschenbuch liest. Bist du doch, sage ich. Bist du doch.

Siamesische Zwillinge

Wieso steckt die Frau dem Mann den Arm durch den Hals? fragt das Kind. Wieso sie ihren Arm um den Hals des Mannes legt? Sie macht das, weil sie ihn mag. Und ich muß, während ich meine eigene, nichts erklärende Erklärung höre, an eine Welt denken, in der Frauen ihren Männern die Arme durch eine Öffnung im Nacken in den Hals schieben und sie so wie Kasperlepuppen spielen, steuern und kontrollieren, den Kopf schütteln und nicken lassen können. Eine Fingerbewegung reicht aus, und durch eine Berührung des Adamsapfels können die Frauen diese Puppen, ihre Männer, auch noch sagen lassen, was sie hören wollen.

Warum legen die Paare sich die Arme um den Hals? Können die nicht mehr alleine gehen? Müssen die ihre Arme umeinanderlegen?

Als Kind, fällt mir ein, dachte ich, Frauen und Männer, Mütter und Väter bekämen ihre Kinder gemeinsam. Ich dachte, der Kopf des Kindes läge während der Schwangerschaft im Bauch der Frau, die Beine aber, die ich mir mit Schuhen und Strümpfen fertig angezogen vorstellte, im Bauch des Mannes. Und Mann und Frau müßten während der Schwangerschaft, Kinderkopf im Bauch der Mutter, Beine im Vaterbauch, durch das Kind verbunden, wie siamesische Zwillinge auf Zeit, überall zusammen hingehen.

Ich mag dich, Papa, sagt das Kind, kurz nach der Begegnung mit dem sich umarmenden Paar. Und umarmt mich fest.

Duisburger Wasser

Ich mach schon die Augen auf, sagt das Kind in der Badewanne und hält sich den Schlauch der Dusche über den Kopf. Und ich erinnere mich an die Überwindung, die es kostete, die Augen unter Wasser zu öffnen. Ich fürchtete lange Zeit, ich weiß nicht, woher ich diese Angst hatte, meine Augen könnten unter Wasser auslaufen. Ich hatte Angst, meine Augen zu verlieren.

Ich hielt es auch für eine Art Mutprobe, Zahnpasta so lange wie möglich im Mund zu lassen. Solange ich Zahnpastaschaum im Mund hatte, mußte ich nicht ins Bett.

Nicht selten fällt mir das kindliche Entsetzen wieder ein, das mich überkam, als ich erfuhr, daß das Wasser, das in Duisburg aus dem Kran kam, schon siebenmal getrunken worden war. Ob es dort vorkam, daß einer genau das Wasser, das er selbst schon einmal getrunken und dann ausgeschieden hatte, noch einmal trank? Könnte es sein, daß die auf Recyclingpapier gedruckte Zeitung, die heute vor mir liegt, auf Papier gedruckt ist, das aus genau dem hergestellt worden ist, das ich letztes Jahr in den Keller hinuntergetragen und später in den blauen Altpapiercontainer geworfen habe? Könnte das sein, daß die Dinge, und ich weiß vielleicht gar nichts davon, wie im Märchen zu mir zurückkommen?

Meine Mutter hat die Handtücher und das große Kapuzenhandtuch, in das ich nach dem Baden gehüllt wurde, immer vorgewärmt. Auf den Fotos, die ich davon noch habe, sehe ich, damals war ich das Kind, aus wie ein Zwerg.

Schlußbild, Mutter und Kind sitzen auf der Couch, das Kind im Bademantel, die Kapuze hängt ihm über den noch feuchten Haaren ins Gesicht. Mutter liest vor, das Kind hört zu und fängt an zu weinen, als das Kind in dem Buch, aus dem da vorgelesen wird, vom Fahrrad fällt und sich das Knie aufschlägt.

Frühsommertag

An dem Tag, an dem das Kind zur Welt kam, starb mein Vater, erzählt eine Freundin. Das war der totale Tag, an dem ich mich fragen mußte, ob ich das eine nicht bekommen konnte, ohne das andere zu verlieren. Mir kam es vor, als wäre es meine Schuld, daß mein Vater plötzlich tot war, als hätte ich ihn gegen mein Kind eingetauscht. Am Tag der Beerdigung, es war ein schöner, sonniger Frühsommertag, auf dem Friedhof blühte der Flieder und das Kind schlief in seinem nagelneuen Kinderwagen auf erster Ausfahrt, war mir dann aber so, als hätten sie einander abgelöst. Als sei der eine für den anderen gekommen.

Die eigenen Kinder rücken die Eltern so angenehm weit weg, schieben sie weiter vor, Richtung Rand. Eines Tages fallen sie runter.

Seit das Kind da ist, fürchte ich mich vor dem Tod. Ich muß mich ja kümmern, ich werde ja gebraucht. Nein, falsch. Seit das Kind da ist, fürchte ich mich nicht mehr vor dem Tod. Ich weiß ja, ich bleibe.

Geheimnis

Zu entdecken, daß meine Mutter nicht alles wußte, hatte auch sein Gutes. Das hieß, daß ich Geheimnisse vor ihr haben konnte. Das hieß, daß sie nicht immer alles wußte. Sie war eben doch nicht, wie ich zuerst geglaubt hatte, mit in mir drin, sie konnte gar nicht alles wissen, und obwohl sie immer um mich herum war, wußte sie irgendwann nicht mehr, was in mir vorging.

Später war es schwierig, dies auch ihr verständlich zu machen. So ganz hat sie es nie verstanden.

Ich habe ein Geheimnis, sagt das Kind. Hast du auch ein Geheimnis? Sagst du's mir?

Berlin, Juni 2002 – Juli 2008

Inhalt

Kinderwagen 5
Rapunzel 5
Gäßchen 6
Straßenbahn 8
Wachsen 9
Spielplatz 11
Frage 13
Potpourri 14
Ordnung 15
Regenwürmer 16
Krokodil 18
Wölfe 19
Hänsel und Gretel 19
Kinderbuch 21
Vorlesen 23
Lesen 25
Die beiden Topflappen 26
Faulenzer 32
Durchschlag 32
Hauchdünne Täfelchen 33
Auskunft 34
Telefon 35
Anrufbeantworter 37
Das Bett ihrer Urgroßmutter 39
Nachtlicht 40
Halbschlaf 42
Ausziehspiele 43
Die Plumeaubildhauerin 45

Einschlafen 46
Tapete 47
Ähnlichkeit 49
Verwandtschaft 51
Nicht so schlimm 54
Die schöne Lüge 56
Enkelkind 57
Nur geliehen 59
Kinderrolle 60
Du darfst 62
Bauchweh 62
Die Kleiderbügel 64
Sehnsucht 65
Das Schnickerhöschen 65
Bohren 67
Bei deiner Geburt 69
Strumpf 70
Pantoffel 72
Krokus 72
Schippe 73
Höhere Mannigfaltigkeit 75
Auf der Zunge 76
Küsse 77
Böses Schaf 78
Flecken 80
Dicke Beine, Strubbelhaar 81
Schlingel 82
Angeben 83
Ich kaufe 84
Neue Sandalen 86
Das Springseil 87

Die Westernstadt 88
Stofftiere 88
Namen 90
Matchbox 90
Schweinebaumeln 91
Puppenwindel 93
Todesspritze 93
Verstecken 94
Elterngewitter 95
Fanta 97
Kopfhörer 98
Luftwurzel 99
Zapfsäule 100
Sie haben ihr Ziel erreicht
(Verena erzählt) 101
Der Riese und sein Däumling 110
Auf einem anderen Kontinent 111
Beruf 112
Höhle 113
Album 114
Die Schaukel im Garten 115
Die Schreibtischschublade 117
Kabäuschen 119
Für dich 121
Käse 122
Durst 123
Blaue Lippen 125
Die Wände der Umkleidekabinen 127
Abdruck 129
Schwimmstunde 130
Tag und Nacht, morgens, mittags, abends 131

Leuchten 132
Spucke 133
Schon so oft 134
Körperteil 135
Leibwächter 136
Die Couch (Katja) 137
Sonst nicht da 139
Jede Sekunde 140
Ich habe mich nur umgeschaut 141
Freibier 142
Blaue Flecken 143
Fortsetzung 144
Kompost 145
Bis bald 146
Trost 147
Weinen 148
Wackelbild 149
So ein Mädchen 149
Siamesische Zwillinge 150
Duisburger Wasser 151
Frühsommertag 152
Geheimnis 153

Das für dieses Buch verwendete FSC®-zertifizierte Papier
Lux Cream liefert Stora Enso, Finnland.